하고 싶은 말을
당황하지 않고
세 마디로 말하는 기술

DAIJI NA KOTO WA 3 GO DE TSUTAENASAI
Copyright © 2019 by Satoshi NOGUCHI
All rights reserved.
First original Japanese edition published by PHP Institute, Inc., Japan.
Korean translation rights arranged with PHP Institute, Inc.
through Shinwon Agency Co.

이 책의 한국어판 저작권은 (주)신원에이전시를 통해 저작권자와 독점 계약한 센시오에 있습니다.
저작권법에 의하여 한국 내에서 보호를 받는 저작물이므로 무단전재와 무단복제를 금합니다.

입만 열면 말이 꼬이는 사람을 위한 처방전

하고 싶은 말을
당황하지 않고
세 마디로
말하는 기술

노구치 사토시 지음 | 김정환 옮김

센시오

프롤로그

세 마디의 힘은
의외로 강력하다

왜 '세 마디'일까?

이유는 간단하다. 짧게 말할수록 자신이 전하고자 하는 메시지가 상대에게 잘 전해지기 때문이다. 말이 많아지면 상대는 그중에서 가장 중요한 말이 무엇인지 찾는 데 어려움을 겪는다. 당신이 가장 전하고 싶은 말이 다른 말들 속에 파묻혀 버리는 것이다.

간혹 독자 여러분 중에는 틀림없이 '세 마디라는 게 정확히 어떤 의미지?'라고 의문을 느낀 사람도 있을 것이다.

여기에서는 의미를 이루는 한 덩어리의 말이 한 마디라고 이해하길 바란다. 예를 들어 '클라이언트가 바라는 것은 50대

여성층의 획득'이 결론이라면 '클라이언트가 바라는 것은'이 한 마디, '50대 여성층의'가 한 마디, '획득이다'가 한 마디, 이렇게 해서 합계 세 마디다.

클라이언트가 바라는 것은 + 50대 여성층의 + 획득이다 = 세 마디

이 책의 제목인 '하고 싶은 말을 당황하지 않고 세 마디로 말하는 기술'도 ①'하고 싶은 말을'이 한 마디, ②'당황하지 않고'가 한 마디, ③'세 마디로 말하는 기술'이 한 마디, 이렇게 해서 세 마디로 계산한다.

하고 싶은 말을 + 당황하지 않고 + 세 마디로 전하는 기술 = 세 마디

이제 세 마디에 관해서 명료하게 정리하였으니, 이를 바탕으로 책을 읽어나가 보자.

메시지의 힘을 키우는 가장 쉬운 방법

이 책을 펼친 당신은 일상에서 혹은 직장에서 설명하는 데 어려움을 겪었을 것이다. 하지만 분명 이를 해결해나가는 방법은 존재한다. 메시지를 전하는 힘을 키우고 싶다면 당신이 전하고자 하는 메시지를 잘 다듬어야 한다. 불필요한 말을 깎아내고 더욱 다듬어서 세 마디로 최적화하는 것이다. 그 세 마디는 당신이 상대에게 전하려 하는 메시지를 응축한 말의 결정(結晶)으로서 찬란한 빛을 발하며, 그것을 받아든 상대도 당신이 진정으로 전하고자 하는 메시지가 무엇인지 금방 이해한다.

이 세 마디를 중요한 결론으로서 먼저 말하고, 그 뒤에 이유나 구체적인 사례를 이야기한다. 결론인 세 마디를 중심에 두면서 전하고자 하는 메시지를 잘 다듬어 보길 바란다. 그러면 이야기를 듣는 상대의 내부에서 중요한 세 마디가 빛을 발하면서 순식간에 당신이 전하고자 하는 메시지를 이해하게 된다.

이 방법은 설명, 보고, 상담, 질문, 영업, 프레젠테이션, 연설 등 메시지를 전하는 모든 작업에 적용된다.

메시지를 전할 때도 세 마디를 의식한다

이야기를 할 때도 내용을 한 호흡에 다 전하려 하지 말고 세 마디 정도의 짧은 말로 끊고 그 사이에 약간 뜸을 들이며 이야기해 보자. 그러면 당신의 말은 상대의 머릿속에서 영상으로 변환된다. 상대는 말이 영상으로 변환되었을 때 비로소 강한 인상을 받고, 이해하며, 기억한다. 상대를 배려하지 않고 자신이 하고 싶은 말을 한 호흡에 전하면 상대는 영상을 떠올리지 못하고 그저 문자로서 정보를 받아들이게 되는데, 이렇게 되면 어지간히 집중해서 듣지 않는 이상 이해하지도 기억하지도 못한다.

또한 메시지를 짧은 말로 전할 수 있게 되면 자신도 깨닫지 못했던 중요한 사실이 보이게 되는 경우도 많다. 장담컨대 이것이 일에 관해서 생각하거나 진행할 때 좋은 영향을 끼칠 것이다.

이 책을 통해 당신은 단순히 말하는 기술을 넘어서 생각하는 방식 자체를 바꾸게 될 것이다. 앞으로 만나게 될 수많은 실전 사례들과 구체적인 훈련법들이 당신의 커뮤니케이션을 근본적으로 변화시킬 것이다. 회의실에서 프레젠테이션을 할 때, 상사에게 보고를 할 때, 고객을 설득해야 할 때, 심지어 사랑하는 사람과 대화를 나눌 때까지 모든 순간에서 당신은 세 마디의 놀라운 힘을 경험하게 될 것이다.

자, 이제 세 마디의 세계로 떠나보자. 당신의 인생을 바꿀 여행이 시작된다.

CONTENTS

| 프롤로그 | 세 마디의 힘은 의외로 강력하다　　　　　　　　　　　　　　004

| 제1장 | **혹시 나도?**
입만 열면 당황하는 사람들의 5가지 패턴

1 "그 말을 먼저 하라고!" : 결론을 마지막에 말하는 유형　　014
2 "내가 누군 줄 알아?" : 전문 지식 과시 유형　　　　　　　018
3 "입만 열면 불필요한 말이 90% 이상!"
　: 변명부터 시작하는 유형　　　　　　　　　　　　　　　022
4 "내가 정말 이렇게 노력했는데…….": 감정 호소 유형　　026
5 "당신이 알아서 이해하시오!": 무책임한 유형　　　　　　029

| 제2장 | **결론을 세 마디로 압축하면**
100% 전달된다

1 얽히고설킨 설명의 미로에서 빠져나오는 법　　　　　　034
2 결론의 씨앗을 찾아서 : 왕국의 포도 이야기　　　　　　　036
3 결론을 찾을 수 있는 곳　　　　　　　　　　　　　　　　040

4 상대는 당신에게 얻은 정보를 활용하려 한다 　　　　　　042
5 이 사람이 가장 알고 싶어 하는 것 　　　　　　　　　　　045
6 결론을 세 마디로 압축하는 법 　　　　　　　　　　　　048
7 '어디서부터 설명할까?'가 아니라
　'어떤 말이 중요한가?'를 생각한다 　　　　　　　　　　　050
8 의사가 이렇게 말했다면 환자는 화내지 않았을 것이다 　　052
9 '결론'은 상대나 상황이 바뀔 때마다 달라진다 　　　　　058
【COLUMN1】 설명 능력이 뛰어난 사람이 업무 능력도 뛰어난 이유　060

|제3장| 결론이 머릿속에 쉽게 떠오르도록 만드는 법

1 저녁 식사에 늦을 때는 이렇게 말하라 　　　　　　　　064
2 내 생각만은 금물, 상대방이 먼저다 　　　　　　　　　　067
3 상대방이 원하는 정보는 따로 있다 　　　　　　　　　　071
4 설명이 술술 나오게 하는 상상력 훈련 　　　　　　　　　075
5 욕구와 두려움 속에 있는 진짜 정보 　　　　　　　　　　078
6 상대가 지닌 두려움을 상상한다 　　　　　　　　　　　　081
7 방관자의 위치에서 타인의 보고 들어보기 　　　　　　　084
8 결론을 찾아내는 속도를 높이는 확실한 방법 　　　　　　086
9 종이 한 장으로 말을 절반씩 줄이는 기술 　　　　　　　089
【COLUMN2】 질문에 어떻게 대답해야 할지 금방 알아내는 사람
　　　　　　vs. 언제나 우물쭈물하다가 대답을 못하는 사람 　　091

제4장 | 하고 싶은 말을 당황하지 않고 세 마디로 말하는 기술

1. 대화는 영상의 캐치볼이다 — 096
2. 모든 이야기는 머릿속에서 영상화된다 — 099
3. 잠깐 '2초 뜸 들이기'의 엄청난 효과 — 102
4. 호응을 확인하고 이야기를 진행한다 — 104
5. 말이 아니라 영상으로 전하라 — 107
6. 상대방 뇌에 영상을 심어주는 핵심 키워드 — 110
7. 딱 세 마디로 이야기할 수 있게 된다 — 113
8. 실적 1위들이 공통으로 사용하는 이야기 전달법 — 116
9. 어려운 대화도 부드러워진다 — 120

【COLUMN 3】 단 세 마디로 웃음을 이끌어내는 법 — 124

제5장 | 설명을 술술 잘하는 사람들의 말하기 공식 7

1. **공식 1.** '결론-이유-예시', 이 순서만 지켜도 달라진다 — 128
2. **공식 2.** 접속사만 잘 써도 90%는 해결된다 — 131
3. **공식 3.** 말이 꼬이는 사람들이 모르는 치명적 실수 하나 — 134
4. **공식 4.** 막막할 때 쓰는 '역산 테크닉'의 놀라운 효과 — 138
5. **공식 5.** 복잡한 상황일수록 위력을 발휘하는 정리의 기술 — 142
6. **공식 6.** 중요할수록 하나만 말하라 — 145
7. **공식 7.** "아, 그게 아니라…"를 없애는 단 한 가지 방법 — 149

【COLUMN 4】 당신의 이야기는 왜 길어질까? — 153

| 제6장 | 매출을 높이고, 기획을 통과시키며, 수입을 3배 늘리는 세 마디 전달법

1 매출과 연봉이 급상승, '결론부터', '세 마디' 전달법   158
2 거래처가 "오!"라며 흥미를 보인다   160
3 그 여성은 왜 가게에서 와인을 사지 않았을까?   164
4 보험 영업 사원의 연수입이 세 배 이상으로 증가한 이유   168
5 어느 상품이든 매력 한 가지 이상은 있다   172
6 잘 되는 치과 병원에는 특별한 영업 기술이 있다   176
7 중요한 내용은 반복해라, 단 세 마디로!   179
8 본심은 사람을 움직이게 한다   183
9 상대방의 머릿속에 영상이 떠오르게 하라   186
【COLUMN 5】 세 마디로 말하는 습관을 만드는 유용한 도구   190

| 제7장 | 사람들 앞에서 긴장하지 않고 말하는 비결

1 당신이 사람들 앞에만 서면 말문이 막히는 이유   194
2 세 마디 말만으로 호응을 이끌어내는 프로의 비법   200
3 고개 끄덕이게 할 이야기 하나만 찾으면 된다   203
4 청중을 사로잡을 시간, 단 10초   208
【COLUMN 6】 선거 운동을 할 때도 하고 싶은 말을 세 마디로 전한다   212

| **제8장** | **거절부터 칭찬, 상담, 지시, 반론까지.
뭔든지 세 마디로 해결한다**

- **1** 거절할 때는 이 한마디로 해결한다!   216
- **2** 칭찬이 서툰 사람은 이 세 마디를 기억하자   219
- **3** 단 세 마디면 직원들은 반드시 당신을 따른다   222
- **4** 생각대로 움직이지 않는 직원이 있다면   226
- **5** 상사도 무릎 탁 치게 만드는 보고 및 상담 스킬   229
- **6** 반박하지 않고도 상사를 설득하는 고급 기술   233

| **에필로그** | 세 마디의 기적을 경험한 사람들   237

제1장

혹시 나도?
입만 열면 당황하는
사람들의 5가지 패턴

"그 말을 먼저 하라고!"
: 결론을 마지막에 말하는 유형

● 어느 병원의 내과 진료실. 명치 언저리가 심하게 쓰리고 아파서 내원한 환자를 검사한 의사가 환자에게 검사 결과를 전하고 있다.

"검사 결과가 나왔습니다. 식도 열공 탈장이네요."

의사는 친절하게도 종이에 한자로 병명을 적어 환자에게 보여줬는데, 그것을 본 환자의 얼굴은 마치 핏기가 전부 빠져나간 것처럼 창백해졌다. 나중에 환자에게 들은 이야기에 따르면, 의사가 적어 준 병명을 본 순간 '죽을병에 걸렸구나.'라는 생각이 들었다고 한다. 식도에 열공(裂孔), 다시 말해 식도가 찢어지고 구멍이 난 상태다. 여기에 탈장까지 되었다. 이것은 도저히 살아날 방도가 없는 상태다. 그는 이렇게 생각했던 것이다.

그의 시야에서 의사의 모습이 사라지고 그때까지의 인생이 주마등처럼 스쳐 지나갔다. 또한 얼마 남지 않은 인생을 어떻게 보낼지, 생활은 어떻게 할지, 내가 죽고 나면 가족들은 어떻게 될지 같은 생각이 머릿속에서 소용돌이쳤다.

한편 의사는 환자의 이런 상황을 전혀 눈치 채지 못한 채 태연하게 설명을 시작했다.

"식도 열공 탈장이라는 건, 식도 아래쪽에 있는 괄약근이 약해져서 식도가 잘 닫히지 않게 되는 병입니다. 그래서 위의 내용물이나 위액이 식도 쪽으로 역류하는 것이지요."

그러나 환자에게 그런 설명은 이미 아무래도 상관없는 것이었다. 그의 머릿속에서는 보험을 좀 더 들어 놓았어야 했다는 후회가 점점 커져 가고 있었다.

의사는 설명을 이어 나갔다.

"환자의 경우는 활탈형 혹은 활주형이라고 부르는 유형으로, 내시경 검사를 받은 사람의 절반 정도에게서 자주 발견됩니다."

이 순간, 환자가 처음으로 입을 열었다.

"네? 선생님, 식도가 찢어지고 구멍이 나는 일이 그렇게 흔한가요?"

생각지도 못했던 질문에 갑자기 웃음을 터트린 의사는 곧 이렇게 말했다.

"뭔가 오해를 하신 것 같은데, 식도 열공은 내장 기관의 명칭입니다. 식도가 찢어지고 구멍이 났다는 뜻이 아니니 안심하세요. 본래 식도는 횡격식도막이라는……."

그러나 환자의 귀에는 의사의 이야기가 들리지 않는 듯했다. 환자는 의사의 말을 가로막으며 이렇게 물었다.

"설명은 됐습니다. 그래서 저는 어떻게 되는 겁니까?"

의사는 태연하게 말했다.

"처방해 드리는 약을 드시면 금방 좋아질 겁니다. 증상이 심각하지는 않거든요."

그 말을 들은 환자는 이렇게 외치며 울분을 터트렸다.

"그 말을 먼저 하라고! 헷갈리는 병명으로 사람 놀라게 하고 있어……."

✳ ✳ ✳

이 의사는 '설명이란 눈앞에 있는 사항을 순서대로 전하는 것'이라고 믿어 의심치 않는 전형적인 유형이다. 그래서 결론을 나중에 말하거나 아예 말하지 못하는 탓에 본래 전하고자 하는 진짜 메시지가 전해지지 않아 상대를 초조하게 만드는 경향이 있다.

설명이 서툰 사람의 유형으로서는 가장 흔한 유형이다.

**"큰 병은 아니니 걱정 안 하셔도 됩니다.
약을 드시면 금방 좋아질 겁니다."**

자세한 해설은 52페이지 이후를 참조

"내가 누군 줄 알아?"
: 전문 지식 과시 유형

● 이것은 나도 잘 아는 어떤 사람의 이야기다. 벌써 20년 전에 있었던 일인데, 그는 설명이 서툰 탓에 좋은 비즈니스 기회를 잃는 쓰디쓴 경험을 했다.

그는 비디오테이프와 DVD를 제작, 복제하는 회사를 운영하고 있었다. 당시는 시대의 흐름이 비디오테이프에서 DVD로 넘어가는 시기였다.

어느 날, 클라이언트가 그에게 이렇게 물었다.

"우리가 만들고 있는 비디오 교재를 DVD 교재로 전환하려고 하는데, 그럴 경우 비용 차이가 얼마나 날까요?"

그러자 그는 득의양양한 표정으로 이렇게 말했다.

"DVD로 말입니까? 음……. 30분 정도 시간을 내 주실 수 있을까요?"

이에 클라이언트는 당황스러운 표정으로 "아니, 급하니까 짤막하게 부탁합니다."라고 말했는데, 그럼에도 그는 신나는 표정으로 이렇게 말하기 시작했다.

"먼저, DVD에 어떻게 영상을 담는지에 관해서부터 설명을 드리겠습니다."

그는 DVD에 왜 홈이 파여 있는지, 레이저 광선을 어떤 각도로 쏘는지, 불법 복제를 막으려면 어떻게 해야 하는지 설명하고, 영화는 한 번에 100만 장 단위로 제작하지만 클라이언트의 회사에서는 한 번에 1,000장 단위로 제작하는데 여기에 불법 복제 대책을 채용하면 비용 부담이 너무 커지므로 필요 없다는 등의 이야기를 길게 늘어놓았다.

설명이 끝나 갈 무렵에는 벌써 25분이 흐른 뒤였다. 클라이언트는 몸을 의자에 파묻은 채 무표정하게 그를 바라보고 있었다. 그는 마지막으로 이렇게 말했다.

"그래서 결국, 비디오든 DVD든 제작비는 같습니다."

클라이언트는 피곤한 표정으로 말했다.

"그것만 말해 주면 된다니까……."

이후 그 클라이언트는 거래를 끊었다. 거래 규모가 작은 고객이었기에 그는 딱히 신경 쓰지 않았는데, 어느 날 텔레비전을 보던 직원이 갑자기 이렇게 소리쳤다.

"사장님! 저 사람, 예전에 우리 회사에 비디오 교재를 발주하던 고객 아닌가요?"

텔레비전에서는 베스트셀러 한 권의 힘으로 교재의 매출을 단숨에 10배로 증가시킨 사내의 이야기를 전하고 있었다.

"10배라고? 저 사람은 그 교재를 지금 어디에서 제작하고 있는 거지?"

그 순간, 그는 비로소 깨달았다. 자신의 설명이 서툴렀던 탓에 큰 매출을 올릴 기회를 놓쳐 버렸음을.

* * *

전문 지식이 풍부한 사람이 무의식중에 저지르는 전형적인 실수다. 이것은 전문 지식을 어느 정도 알려 주는 편이 좋지 않겠느냐는 친절한 마음이 원인일 때도 있고, '나는 이런 것까지 알고 있소.'라는 자기 과시욕이 원인일 때도 있다. 물론 후자의 경우는 동정의 여지가 없다.

이 유형은 자신이 알고 있는 분야의 이야기를 할 수 있게 되면 기분이 좋아져서 시간 가는 줄도 모르고 이야기를 계속한다. 기술적인 지식이 풍부한 사람은 그 이야기를 할 기회가 찾아오기를 목이 빠져라 기다리고 있을 것이다.

그러나 생각해 보자. 과연 상대도 그 이야기를 좋아할까? 그 이야기를 듣고 싶어 할까? 이것을 냉정하게 판단한 다음 설명해야 한다. 자칫하면 소중한 고객이나 비즈니스 기회를 놓치는 결과로 이어질 수도 있기 때문이다.

"비디오와 DVD의 제작비는 같습니다."

자세한 해설은 43페이지 이후를 참조

"입만 열면
불필요한 말이 90% 이상!"
: 변명부터 시작하는 유형

● 대형 통신 회사의 기획부에서 일하는 H는 처음으로 기획의 책임자를 맡아 간부급 앞에서 프레젠테이션을 하게 되었다. 이 프레젠테이션이 통과한다면 H의 팀의 기획이 채용된다.

상사가 H에게 프레젠테이션의 진척 상황을 묻자, H는 안절부절못하며 이렇게 말했다.

"그런데, 정말로 제가 프레젠테이션을 담당해도 괜찮은 걸까요?"

상사는 살짝 난감한 표정을 지었지만, 곧 H를 설득했다.

"물론이지. 평소처럼만 하면 걱정할 필요 없네. 그런데 진척 상황은 어떤가?"

그러자 H는 입가에 옅은 웃음을 띠며 이렇게 말하기 시작했다.

"일단 이게 프레젠테이션의 원고인데, 저는 결론부터 말하는 데 익숙하지 않아서 이렇게 하면 결론부터 시작하는 것이 맞는지 자신이 없네요."

상사는 H에게 원고에 쓴 대로 말해 보라고 지시했다. H는 "아직 완성도가 낮은데……."라며 난색을 표했지만, 결국 지시에 따라서 원고를 읽기 시작했다.

"이 새로운 시스템은 다른 회사에서 우리 회사로 환승하는 수요를 불러일으키기 위한 것으로, 사용자는 자신에게 큰 이익이 된다고 느낄 것입니다. 다만 우리 회사에서 다른 회사로 환승하는 것도 간단해진다는 양날의 검 같은 요소가 포함되어 있기 때문에 그 대책으로서 다음의 요금제를 생각했습니다."

H는 여기까지 말하더니, 원고에서 눈을 떼지 않은 채 "우리 회사의 고객은 다른 회사의 고객에 비해서 충성도가 낮은 것 같습니다. 우리 회사의 고객으로 남도록 붙잡아 둘 요인이 부족하다고나 할까……. 이용 햇수가 3년을 넘긴 고객에게는 특별 요금제를 제공한다든가 이런저런 혜택을 제공해도 좋지

않을까 싶네요."라며 원고와는 관계없는 이야기를 시작했다.

그러자 상사는 더 들을 필요가 없다고 느꼈는지 "이제 됐네."라고 짧게 말하고, 이렇게 덧붙였다. "내일 다시 한 번 듣겠네. 그때는 변명으로 생각될 수 있는 요소를 100퍼센트 삭제하고 말하도록."

험악해진 분위기에 H는 '내가 또 실수를 저질렀구나.'라며 머리를 감싸 쥐었다. 능력에 대한 확신이 없었던 H는 자신의 능력이 부족하다는 사실이 들통 나지 않을까 하는 두려움에서 항상 방어적으로 이야기하는 경향이 있었다. 요컨대 보고나 설명을 할 때 자신도 모르게 변명조가 되는 것이다. 이래서는 상사나 고객의 신뢰를 얻을 수가 없다. 비즈니스 현장에서 변명은 그저 상대에게 스트레스를 주는 결과밖에 낳지 못한다.

※ ※ ※

이 유형은 먼저 상대에게 간결하게 사실만을 전하는 방법을 익혀야 한다. 그리고 무엇이 사실이며 무엇이 변명인지 인식한 다음, 업무 현장에서는 변명이나 자기보호를 위한 말을 배제하고자 노력해야 할 것이다. 그러면 상사는 다루기 쉬운 부하, 거래처는 상대하기 편한 담당자로 느끼기 시작하며, 그 결과 신기하게도 그때까지의 낮은 평가가 개선될 것이다.

> **이때의 올바른 대응**

현재 준비된 프레젠테이션 원고의 내용을 솔직하게 상사에게 전한다.

자세한 해설은 80페이지 이후를 참조

"내가 정말 이렇게 노력했는데……."
: 감정 호소 유형

● 회사로 돌아온 N부장은 책상에 놓인 메모지를 발견했다.

"S사의 M씨에게서 전화가 왔습니다."

메모지에는 단지 그렇게만 적혀 있었다. 그래서 N부장은 메모를 적은 파견 사원 B에게 내용을 확인하러 갔다. 그러자 B는 갑자기 이렇게 말하기 시작했다.

"S사의 M씨는 말이죠, 무슨 말을 하는 건지 알아듣기가 너무 어려워요. 그래서 다시 한 번 말해 달라고 부탁하면 기분

나쁜 티를 막 내고 말이지요. 그 사람의 전화는 정말 안 받았으면 좋겠어요."

N부장은 "그래서, 무슨 일로 전화를 걸었던 건가?"라고 상냥하게 물었다.

"그걸 알아듣느라 진짜 고생했다니까요? M씨는 왜 그렇게 작은 목소리로 말하는 건지……. 부장님과 만나기로 한 약속 시간이 내일 오후 4시가 맞는지 확인하려고 전화를 걸었다더라고요."

N부장은 B의 다음 이야기를 기다렸지만, B는 더 할 말이 없는지 그만 자신의 업무로 돌아가려 했다. 당황한 N부장은 B에게 황급히 물었다

"그래서 M씨에게 뭐라고 말했나?"

그러자 B는 '당연한 걸 왜 물어보지?'라는 표정을 지으며 "아, 부장님이 전화하실 거라고 했어요."라고 대답했다.

이에 "알았네."라고 무표정하게 대답한 N부장은 몸을 돌려 자신의 자리로 향했다. 그 순간, 안 그래도 낮았던 N부장의 B에 대한 평가는 거의 0점대로 하락하고 말았다.

✶ ✶ ✶

B는 논리보다 감정이 앞서는 유형으로, 특히 '자신이 얼마나 노력했는지', '자신이 얼마나 고생했는지' 호소하는 경우가 많

다. 그러나 이것은 전부 업무에는 불필요한 정보다.

이런 사람은 중요한 업무를 맡지 못한다.

자신에게 이런 경향이 있음을 자각하고 있는 사람은 얼마나 노력했든, 얼마나 고생했든 그것은 중요하지 않음을 자신에게 인식시키길 바란다.

> **이때의 올바른 대응**
>
> **"부장님과 만나기로 한 약속 시간을 확인하는 전화였습니다. 내일 오후 4시가 맞느냐고 물어보셔서 부장님이 다시 전화할 것이라고 전했습니다."**

"당신이 알아서 이해하시오!"
: 무책임한 유형

● 어느 골프 용품점 점원의 이야기다.

어느 날, 한 사내가 가게로 들어오더니 곧바로 점원을 향해 걸어왔다. 이런 사람은 무엇을 살지 목적이 명확하며 게다가 구매가 빠른 특징이 있다. 매출을 올릴 기회라고 느낀 점원은 그에게 다가가 "찾으시는 게 있나요?"라고 물었다. 그러자 아니나 다를까, "코스에서 자꾸 미스 샷을 하는데, 혹시 공을 잘 맞힐 수 있는 클럽은 없나요? 있으면 사려고요."라는 것이 아닌가? 이렇게까지 단도직입으로 말하는 고객을 빈손으로 돌려보내서는 안 된다.

점원은 설명을 시작했다.

"비거리를 늘리고 싶다면 새로 발매된 페어웨이우드가 좋겠네요. 샷을 똑바로 날리고 싶다면 유틸리티를 사용하는 방법도 있습니다."

"어느 쪽이 더 좋은가요?"

"최신 페어웨이우드는 우드 계열이 손이 안 맞는 분도 공을 띄우기 쉽게 설계되어 있답니다. 새로운 페이스를 채용해서 스윙 스피드가 느린 분도 비교적 쉽게 사용할 수 있다고 하네요."

남성은 내키지 않는 표정으로 고개를 끄덕일 뿐이었다. 그러나 점원은 그런 분위기를 감지하지 못했는지, 이렇게 설명을 이어 나갔다.

"유틸리티는 헤드가 커서 스위트 스폿이 넓은 것을 고르시면 조금 실수하더라도 클럽이 커버해 주니까 안심하고 사용할 수 있습니다. 저희 가게의 점장도 가방에 몇 자루 넣어 놓고 다니지요."

그러자 남성은 "흠⋯⋯."이라고 말한 뒤, 퉁명스럽게 "잘 모르겠네요. 다른 곳도 둘러보고 오겠습니다."라는 말을 남기고 가게를 떠났다.

이런 사람은 구매가 빠른 것이 특징이지만 자신이 원하는 정보를 빠르게 얻지 못하면 포기도 빠르다는 사실을 점원은 아직 몰랐던 모양이다.

그 모습을 지켜보던 점장은 점원을 매장 업무에서 사무 업무로 전환시켰다. 고객을 상대하고 싶어서 이 회사에 들어왔던 점원에게는 큰 충격이었다.

※ ※ ※

이 유형은 왜 그런 식으로 설명하는 것일까? 최근에 나는 당사자에게 그 이유를 듣고 크게 놀랐다. 이 유형은 상대가 어떤 정보를 알고 싶어 하는지 파악하는 것이 서툴다. 그래서 정보를 본인이 곱씹어서 정리하지 않고 상대에게 전부 떠넘기는 것이라고 한다. 요컨대 '내가 가진 정보를 전부 말해 주면 상대는 그 정보를 정리하고 그중에서 자신에게 필요한 정보를 찾아낼 거야.'라는 생각인 모양이었다.

이것은 너무나도 무책임한 행동이다. 그 이해하기 어려운 설명의 이면에는 이런 심리가 숨어 있었던 것이다. 이런 식의 설명은 보고를 받는 상사를 난처하게 만들고, 물건을 사고 싶어서 온 고객을 실망시켜 돌아가게 만든다.

이 유형은 뒤에서 이야기할 결론을 찾아내는 방법을 하루빨리 익혀야 한다.

> **이때의 올바른 대응**
>
> **"○○사의 클럽을 추천합니다.
> 조금 실수하더라도 클럽이 커버해 줘서
> 안심하고 사용할 수 있는 클럽이지요."**
> (이와 같이 추천 제품을 하나로 압축하고 그 이유를 전한다)
>
> 자세한 해설은 79페이지 이후를 참조

　지금까지 설명이 서툰 사람의 5가지 패턴을 소개했다. 혹시 '내 이야기네.'라는 생각이 드는 것이 하나라도 있었는가? 만약 있었다면 그것이 당신의 업무에 지장을 초래하고 평가를 낮추는 요인이 되고 있을지 모른다.

　다음부터는 상대에게 전해야 할 중요한 포인트를 빠르게 찾아내고 그것을 짧은 말(목표는 세 마디)로 전하는 방법을 전수하겠다. 이 방법은 당신의 업무 능력을 높이는 데 크게 공헌할 것이다.

얽히고설킨
설명의 미로에서
빠져나오는 법

● 자신의 내부에 있는 생각이나 상황을 상대에게 전한다. 이것은 높은 능력이 요구되는 커뮤니케이션 기술이다. 제1장에서 소개한 설명이 부족한 사람의 5가지 패턴에 나온 일화들은 회사나 관공서 등에서 조금씩 다른 형태로 매일 같이 반복되고 있을 것이다.

한 조사에 따르면 80퍼센트가 넘는 사람이 타인에게 무엇인가를 설명하는 데 어려움을 느끼며, 실제로 상대에게 "대체 무슨 말을 하고 싶은 거요?"라는 말을 직접 들어 본 경험이 있는 사람도 세 명 중 두 명이나 된다고 한다.

얼마 전, 내 교실에 전화가 왔다. 설명이 서툴러서 고민이라는 사람에게서 온 문의 전화였는데, 그 심경을 너무나도 적절히 표현한 인상 깊은 한마디를 들었다.

"설명을 하는 사이에 종종 길을 잃고 미아가 되어 버립니다. 제발 저를 도와주십시오."

재미있는 표현이라는 생각이 들었지만, 본인은 너무나도 진지했다. 정말로 고민하고 또 고민한 끝에 내 교실에 연락한 것이다. 지금 이 책을 읽고 있는 독자 중에도 그 말에 공감하는 사람이 많지 않을까 싶다.

이 책에서 독자 여러분의 고민을 최대한 해결해 줄 수 있는 기술을 소개할 테니 꼭 활용해 보길 바란다.

결론의 씨앗을 찾아서
: 왕국의 포도 이야기

● 상사 등 지위가 높은 사람에게서 "결론부터 말하라고, 결론부터!"라는 무서운 말을 들은 경험이 있는 사람도 많지 않을까 싶다. 당신의 설명이 상대에게 제대로 전해지지 않는 원인은 역시 설명의 결론이 무엇인지가 상대에게 좀처럼 보이지 않기 때문이다. '설명은 결론부터'라는 격언도 있을 정도이므로, 굉장히 중요한 원칙일 것이다. 그러나 그 결론을 어떻게 찾아내야 하는지 모르는 탓에 80퍼센트나 되는 사람이 설명에 어려움을 겪고 있다.

실제로 설명 솜씨가 뛰어난 사람은 결론부터 시작하며, 그것을 짧은 말로 전한다. 여기에는 설명 솜씨가 뛰어난 사람만이 알고 있는 비결이 숨어 있다.

그러면 결론을 찾아내는 방법을 전수하겠다. 결론을 찾아내는 솜씨가 뛰어난 사람은 먼저 큰 부분을 파악한 다음 그 속에서 중요한 부분을 찾아낸다. 또한 여기에서 말을 더욱 다듬어, 최종적으로 상대가 순식간에 이해할 수 있도록 짧게 깎아낸다.

그러면 다음의 비유를 통해서 이것을 좀 더 알기 쉽게 표현해 보겠다. 국왕이 당신에게 "우리나라를 풍요롭게 만들 훌륭한 무엇인가를 가져오너라."라는 명령을 했다고 가정하자. 다른 나라를 돌아다니며 조사한 끝에 그것이 포도 재배임을 깨달은 당신은 포도 한 송이를 가지고 귀국했다.

즉시 국왕에게 결과를 보고해야 하는데, 메시지를 전달하는 방법으로 몇 가지를 생각할 수 있다.

① 포도송이를 왕에게 보여주고 "이것이 우리나라를 풍요롭게 만들 것입니다."라고 보고한다.
② 포도송이에서 포도 알을 떼어내 왕에게 바치며 "이것이 우리나라를 풍요롭게 만들 것입니다."라고 보고한다.
③ 포도 알에서 씨앗을 빼내 왕에게 바치며 "이것이 우리나라를 풍요롭게 만들 것입니다."라고 보고한다.

당신은 어떤 방법을 선택하겠는가? 나라를 풍요롭게 만들 것. 그것이 포도임에는 틀림이 없다. 그러나 사물의 본질은 더욱 압축할 수 있다. 그리고 최종적으로 씨앗 한 개로까지 압축했을 때 비로소 그것을 밭에 심는다는 행동이 보이게 된다. 이 씨앗이 결론인 것이다.

'포도송이를 바치면 왕은 포도가 맛있다는 걸 알 수 있을 테니 구구절절 설명하지 않더라도 씨앗을 뿌려서 포도를 재배하면 그 포도가 왕국을 풍요롭게 만든다는 것을 이해하지 않을까?'라고 생각하는 사람이 많을 것이다.

그러나 이 '여기까지만 말하면 그 다음에는 알아서 이해하겠지.'라는 안일함이야말로 이야기를 모호하게, 그리고 잘 전달되지 않게 만드는 주범이다. 내 경험상, 결론이 모호한 사람의 눈에는 진실이 담긴 명확한 결론이 보이지 않는다. 그래서 이야기가 모호해지는 것이다. "이 포도가 우리나라를 풍요롭게 만들 것입니다."라고 말하기보다 "이 씨앗을 심으면 포도가 자라나 우리나라를 풍요롭게 만들 것입니다."라고 말하는 편이 더 많은 사람에게 본질을 전할 수 있음은 누가 봐도 분명하다.

결론을 찾아내는 과정도 이와 같다. 먼저 커다란 부분을 찾아내고, 여기에서 점점 말을 압축한다. 그래서 최종적으로는 짧고 구체적인 말로 정리한다. 그러면 이야기의 본질이 잘 보이게 된다.

이렇게 할 수 있게 되면 당신은 설명이나 보고를 할 때 짧은 말로 많은 것을 전할 수 있게 된다. 순식간에 결론이 눈에 보이므로 당신의 설명은 상대에게 놀랄 만큼 이해하기 쉽게 잘 전해진다.

결론을
찾을 수 있는 곳

● 그러면 이제 결론을 찾아내는 구체적인 방법을 살펴보자.

무엇인가를 설명하자고 생각했을 때, 결론을 찾아내는 것이 서툰 사람은 그 결론을 자신이 가진 정보나 말 속에서 찾을 터이다. '결론을 찾아내야 해. …… 결론은 대체 어디 있는 거야!'라는 식으로 자신의 생각 속을 찾아 헤매는 것이다. 그러나 아무리 찾아 헤맨들 좀처럼 결론이 보이지 않는다. 그래서 어쩔 수 없이 적당히 이야기를 시작하지만, 자신도 무슨 말을 해야 할지 모르는 까닭에 복잡한 미로 속을 헤매고 만다.

이것은 당연한 일이다. 아무리 자신의 내부에서 찾아 헤맨들 결론은 어디에도 없기 때문이다. 그런 사람은 발상의 대전환을 시도해 보길 바란다.

결론은 상대의 내부에 있다

상대가 알고 싶어 하는 것이 결론이므로, 그것은 상대의 내부에 있다고 발상을 전환해 볼 필요가 있다. 지금까지 자신에게 설명의 재능이 없는 탓에 결론이 보이지 않다며 자신을 탓해왔다면 오늘부터 생각을 바꿔 보자. 결론을 상대의 내부에서 찾아내려 하면 틀림없이 단순명료한 결론, 이해하기 쉬운 설명이 가능해진다.

지금부터 그 비결을 이야기하겠다.

상대는 당신에게
얻은 정보를
활용하려 한다

● **상대방의 말 속에 답이 있다**

　설명이나 보고는 전달하면 끝이 아니다. 상대는 당신에게 받은 정보를 무엇인가에 활용한다. 그러므로 설명이나 보고를 할 경우, '이 사람은 내 정보를 무엇에 활용할까? 내 정보로 무엇을 할까?'를 상상하는 습관을 들이자.

　앞의 예에서, 국왕의 명령은 "맛있는 것을 찾아오너라."가 아니었다. "나라를 풍요롭게 만들 것을 찾아오너라."였다. '국왕이 하는 일은 나라를 풍요롭게 만드는 것'임을 생각하면,

국왕이 원하는 것은 포도를 먹는 것이 아니라 포도의 씨앗을 심는 것임을 눈치 챌 수 있다.

이와 마찬가지로, 상대는 당신의 정보나 설명을 듣고 그것에 입각해 어떤 행동을 할지도 모른다. 어떤 판단을 내릴지도 모른다. 가령 상사가 부하 직원에게 업무 진척 상황을 물어보는 상황을 생각해 보자. 상사는 대답을 듣고 그 업무를 좀 더 빠르게 처리할 방법을 조언해 줄지도 모른다. 그 업무를 좀 더 일찍 끝마칠 수 있도록 누군가에게 지원을 맡길지도 모른다. 어쩌면 그 업무의 결과를 이용해 더 중요한 일을 시작하려 할지도 모른다. 상대에게 무엇인가를 전할 때는 그 점(상대는 그 정보를 무엇에 사용할 것인가?)을 강하게 의식해야 한다.

여기까지만 들으면 상당히 어려운 일처럼 생각될지 모른다. 그러나 상대의 이야기를 유심히 들어 보면 그 말 속에 상대가 필요로 하는 대답이 포함되어 있기 마련이다.

제1장에서 소개한, 클라이언트에게 "비디오 교재를 DVD 교재로 전환할 경우 비용은 얼마나 차이가 납니까?"라는 질문을 받은 제작 회사 사장의 처지가 되어 보자.

이 클라이언트는 어떤 목적으로 이 질문을 했을까? 그 목적은 비디오와 DVD의 제작 가격을 알고 큰 차이가 없다면 DVD 교재로 전환하는 것이다. 이것은 누구나 상상할 수 있으며, 그렇다면 필요한 대답은 "비디오와 DVD의 제작비는 같습니다."라는 것뿐임도 알 수 있을 터이다. 또한 클라이언트의 요망을 파악하고 DVD로 전환할 결심을 굳히도록 "이제는 DVD의 시대입니다. 결단은 빠를수록 좋습니다."라고 덧붙인다면 그 자리에서 제작을 의뢰받을 가능성도 있다.

나는 그 클라이언트가 이런 생각으로 질문했음을 잘 알고 있다. 바로 내가 그 클라이언트였기 때문이다.

사실 이런 것은 조금만 생각해 보면 누구나 쉽게 상상할 수 있다. 만약 그랬다면 사장은 DVD 제작에 관한 기술적인 지식을 장황하게 설명하지 않았을 것이며, 가까운 미래에 크게 성공해 DVD 교재의 매출을 10배로 늘린 고객을 놓칠 일도 없었을 것이다.

먼저 당신이 전한 정보를 바탕으로 상대가 어떤 행동을 할지 상상해 보자. 바로 여기에 당신이 찾아내려 하는 결론의 열쇠가 숨어 있다.

이 사람이
가장 알고 싶어 하는 것

● **'이 사람이 가장 알고 싶어 하는 것은
　　무엇일까?'를 생각해 본다**

상대가 이쪽의 설명을 무엇에 활용할지 상상하고, 중요한 정보가 보였다면 이야기의 앞부분에 배치할 '결론의 말'을 압축한다. 이때 "비디오와 DVD의 제작비는 같습니다."처럼 간결한 대답으로 만드는 것이 좋은데, 문제는 결론이 길어지는 경우다.

말이 길어지면 상대에게 자신이 의도한 정보를 정확히 전할 수 없게 된다. 또 결론이 길어지면 그것이 가리키는 바가 모호해지며, 뒤에 이어지는 설명에 불필요한 정보가 섞여 들어가는 경우가 많은 것도 사실이다.

왕에게 바친 것이 포도송이나 포도 알이라면 '이 포도가 얼마나 맛있는가?', '외국에서는 어떤 때 포도를 먹는가?' 같은 정보를 말하느라 이야기가 샛길로 빠질지도 모른다. 이것은 씨앗을 뿌려서 열매를 맺은 뒤의 이야기이지 제일 먼저 전할 내용이 아니다.

반면에 씨앗을 바쳤다면 '어디에 뿌리고', '얼마나 수확할 수 있으며', '가격은 어느 정도가 되는지' 등을 설명하게 되므로 나라를 풍요롭게 만든다는 목적과 직결되는 이야기가 된다. 그렇기에 '씨앗'이 결론으로서 적합한 것이다.

그러므로 설명이나 보고를 할 때는 '이 정보들 가운데 상대가 가장 알고 싶어 하는 정보는 무엇일까?'를 깊게 생각하는 습관을 들이길 바란다. 이렇게 함으로써 넓게 펼쳐진 정보를 점점 압축해 나가는 것이 결론을 찾아내는 비결이다.

다시 한 번 정리하겠다.

설명을 시작하기 전에 먼저 '상대는 내 설명을 듣고 그것을 무엇에 활용할까?'를 생각한다. 그리고 대략적인 생각이 정리되었다면 "이 가운데 상대가 가장 알고 싶어 하는 정보는 무엇일까?"라고 자문한다.

자문할 때는 상대의 처지가 되는 것이 중요하다. 상대의 처지가 된다는 것은 자신이 알고 있는 정보나 상식, 가치관을 전부 백지 상태로 만들고 생각해 본다는 의미다. 자신과는 다른 인격, 다른 가치관, 다른 정보를 가진 타인의 처지에서 생각하는 습관을 들이길 바란다.

결론을 세 마디로
압축하는 법

● 상대는 나의 설명을 무엇인가에 사용한다. 이렇게 생각하고 상대가 가장 원하는 정보를 찾아낸다. 이것이 설명을 잘하는 비결이라고 이야기했다. 상대가 알고 싶어 하는 것을 대략적으로 파악했다면 다음에는 상대가 알고 싶어 하는 말을 더욱 짧게 줄여서 세 마디 정도로 압축해 보자.

왜 결론을 세 마디로 압축해야 하는가?
설명을 잘하는 비결은 상대가 가장 필요로 하는 짧은 키워드를 찾아내는 것이다. 바로 그것이 진정한 결론이다. 말은 짧을수록 상대에게 그 의미가 강하고 올바르게 전달된다. 또한 그 말이 이야기의 전체상을 보여준다면 상대는 그 후의 내용을 매우 원활히 이해할 수 있다. 반대로 말수가 많아질수록 상대는 이해하는 데 더 많은 에너지를 사용하게 된다. 게다가 결론을 짧은 말로 압축하면 자신의 설명이 향해야 할 길도 명확해진다.

따라서 단 한 마디로 결론을 전할 수 있다면 그것이 최선이다. 그러나 한 마디 속에 결론을 담기는 쉽지 않을 터이므로 일단은 세 마디를 목표로 삼길 바란다. 물론 세 마디는 어디까지나 목표이며, 세 마디 이상이 필요한 경우도 있을 것이다. 또한 결론이나 중요한 사항은 세 마디로 전하지만, 중요도가 낮은 것은 대여섯 마디가 될 때도 있다.

'어디서부터 설명할까?'가 아니라 '어떤 말이 중요한가?'를 생각한다

● 지금까지 이야기했듯이, 설명 능력이 뛰어난 사람은 자신의 생각을 상대에게 전할 때 먼저 '어떤 말이 중요한가?'를 적확히 생각한다. 그들은 어떤 말이든 세 마디 이하의 짧은 말로 집약할 수 있다고 생각한다.

반대로 설명에 자신이 없는 사람은 '하아, 어디서부터 설명해야 하지?'라고 고민하는 경향이 있다. 요컨대 이런 유형의 사람은 어떻게든 전체를 다 전하려고 생각한다. 그 결과 정보량이 지나치게 많아져 자신도 제대로 정리하지 못하는 것이다.

앞으로는 설명에 임할 때 '상대가 가장 원하는 세 마디'를 찾아내려고 노력해 보자. 틀림없이 상대가 이해하기 쉽게 설명할 수 있을 것이다.

의사가 이렇게 말했다면
환자는 화내지 않았을 것이다

- ① 상대는 나의 설명을 무엇에 사용하는가?
- ② 상대가 가장 원하는 말은 무엇인가?
- ③ 결론은 세 마디로 압축한다.

이 세 가지 원칙을 이용해, 제1장에서 소개한 의사의 설명을 좀 더 환자가 쉽게 이해할 수 있도록 고쳐 보자.

① 상대는 나의 설명을 무엇에 사용하는가?

상대의 처지가 되어서 생각해 보면 설명의 결론을 찾아낼 수 있다. 그러니 환자의 처지가 되어서 생각해 보자. 환자는 검사 결과를 무엇에 사용할까?

검사 결과가 나쁘다면 환자는 입원하거나 수술을 받아야 할 수도 있다. 그렇게 되면 회사를 쉬어야 한다. 치료비도 걱정될 것이다. 게다가 목숨이 위태로울 수도 있는 병이라면 먼저 마음의 준비가 필요해지며, 자신이 죽은 뒤 가족이 어떻게 생활할지도 걱정해야 한다. 이 가운데 환자가 제일 먼저 하고 싶은 일은 과연 무엇일까? '입원 준비', '회사에 연락', '치료비 준비', '가족의 생활에 대한 걱정', '큰 병이 아님을 알았을 때의 안도감'과 같은 식으로 나열해 보면 대부분의 사람은 금방 알 수 있을 터이다.

일반적인 정답은 '안심하고 싶다.'일 것이다. 이것은 인간의 근원적인 바람이기 때문이다. 환자는 '심각한 병일까?', '수술이 필요할까?', '입원해야 하나?' 같은 걱정을 하면서 결과를 들으러 왔다. 이후의 걱정은 결과를 들은 뒤에 생겨나는 것이다. 그러므로 환자의 가장 큰 걱정에 대답하는 것이 결론이라고 할 수 있다. 이렇게 상상할 수 있다면 무슨 말을 전해야 할지도 보이게 된다.

만약 걱정할 필요가 없는 결과가 나왔다면 "검사 결과, 식도 열공 탈장이네요. 입원하거나 수술할 필요 없이 약으로 치료할 수 있습니다. 큰 병이 아니라서 다행입니다."라고 설명한다.

의사는 식도 열공 탈장이 심각한 병이 아님을 당연히 알고 있다. 그래서 "큰 병이 아니다."라는 설명은 뒤로 미뤄도 된다고 생각하며, 병명이나 그 상황을 먼저 설명하고 싶어 한다. 그러나 환자에게 병에 관한 의학적 설명은 그리 중요하지 않은 후순위의 문제다. 더 중요한 문제는 자신이 죽느냐 사느냐, 수술을 받아야 하느냐 받지 않아도 되느냐, 입원해야 하느냐 하지 않아도 되느냐다.

반대로 입원이나 수술이 필요하다면 "검사 결과, ㅁㅁㅁ이라는 병입니다. 수술이 필요하니 입원하십시오. 아마도 2주 정도 입원하셔야 하고, 회사에는 3주 후에 복귀하실 수 있을 겁니다."라고 설명한다. 이 설명에는 환자에게 필요한 정보가 전부 담겨 있다.

② 상대가 가장 원하는 말은 무엇인가?

다음에는 "검사 결과, 식도 열공 탈장이네요. 입원하거나 수술할 필요 없이 약으로 치료할 수 있습니다. 큰 병이 아니라서 다행입니다."라는 설명 중에서 환자가 가장 알고 싶어 하는 정보는 무엇일지 생각해 보자. '그냥 그렇게 설명하면 되잖아? 귀찮게 뭘 또 해야 해?'라고 생각하는 사람도 있을지 모르지만, 이런 시도를 계속하면 반드시 설명 능력이 향상된다.

환자에게 가장 중요한 것은 안도할(마음을 놓을) 수 있는 정보다. 검사 결과가 나오기 전날 밤에 긴장해서 뜬눈으로 밤을 지새우는 사람도 많다. 상대의 처지가 되어서 그런 상상을 할 수 있는 사람은 상대가 원하는 말을 순식간에 꿰뚫어볼 수 있다. 그러면 설명은 "검사 결과 큰 병은 아니네요. 약으로 치료할 수 있습니다."로 좀 더 간결해질 것이다.

③ 결론은 세 마디로 압축한다

"검사 결과 큰 병은 아니네요. 약으로 치료할 수 있습니다."

상당히 짧아졌다. 이것으로 충분하다는 생각도 들지만, 원칙에 따라 세 마디로 줄어 보자. 그러면 "큰 병은 아니다." 혹은 "약으로 치료할 수 있다." 중 하나가 될 터이다.

어느 쪽이 환자에게 안심할 수 있는 재료가 될까? 물론 다르게 생각하는 사람도 있겠지만, 나는,

"큰 병은 아니네요."

위의 두 마디가 환자가 제일 알고 싶어 하는 결정적인 말이라고 생각한다. 이 말을 들으면 환자는 크게 안도하며, 이후의 설명을 편안한 마음으로 들을 수 있게 된다. 반면에 "약으로 치료할 수 있습니다."라고만 설명하면 환자로서는 증상이 어느 정도인지, 치료에 얼마나 시간이 걸리는지 판단이 되지 않는다.

적확한 결론을 발견하면 이후의 말은 자연스럽게 이어지기

마련이다.

　이 말을 결론으로 삼아서 가장 친절하게 설명하는 방법을 정리해 보자.

"검사 결과가 나왔습니다."
"큰 병은 아니었습니다. 안심하세요." ➡ **세 마디**
"약으로 치료할 수 있습니다." ➡ **두 마디**
"수술하거나 입원할 필요도 없습니다." ➡ **세 마디**

　이렇게 하면 환자는 편안한 심정으로 이어지는 설명을 들을 수 있다.

　환자에게 중요성이 낮은 부분은 결론을 말한 다음에 전하는 것으로 충분하다.

　"식도 열공 탈장이라는 병입니다. 병명만 들으면 굉장히 무서운 병 같지만, 내시경 검사를 받은 사람 중 약 절반에게서 발견되는 흔한 병입니다. 간단히 설명해 드리겠습니다."

　그 후 병에 관해 자세히 설명한다. 그러나 이미 생명에 지장이 없음을 안 환자에게 어려운 병명이나 증상 따위는 아무래도 상관없는 문제다. 그저 편한 마음으로 의사의 설명에 "네.", "네."라고 대답할 뿐이다. 아마도 재발을 막기 위해서 주의할 점 정도만 신경 써서 듣고 병의 원인이나 내장 기관에 관한 이야기 등은 거의 한 귀로 듣고 한 귀로 흘리겠지만, 알기 쉽게 설명해 준 의사에게 큰 고마움과 존경심을 품을 것이다. 그리고 '다음에도 이 선생님에게 진료를 받자.'라고 생각할 터이다.

이것은 어떤 직종이든 마찬가지다. 이해하기 쉬운 설명을 들으면 상대는 스트레스를 느끼지 않으므로 계속해서 일을 의뢰하고 싶어 한다. 설명 능력은 일할 때 매우 중요한 능력인 것이다.

자, 이제 설명의 원칙을 기억했는가? 금방 자신의 것으로 만들기는 어려울지 모르지만, '상대는 이 설명을 무엇에 사용하는가?', '상대가 가장 원하는 말은 무엇인가?', '결론은 세 마디로 압축한다.'를 항상 의식한다면 점차 간결하면서 알기 쉬운 설명을 할 수 있게 될 것이다.

'결론'은
상대나 상황이
바뀔 때마다 달라진다

● '설명은 결론부터'라고 하지만, 문제는 같은 이야기 또는 같은 질문에 대한 대답이라 해도 상대나 상황에 따라 결론이 달라진다는 것이다. 그래서 80퍼센트가 넘는 사람이 '설명은 어려워.'라며 고민하는 것이리라.

같은 이야기라도 상대에 따라 결론이 달라진다
다시 제1장에서 소개한 환자와 의사의 이야기로 돌아가 보자. 이 경우는 상대가 환자였기에 결론이 "큰 병은 아니네요."가 되었다.

그런데 상대가 달라지면 결론도 바뀐다. 상대가 같은 의사라면 "그 환자의 검사 결과, 어떻게 나왔어?"라는 질문을 받았을 때 "식도 열공 탈장이었어."가 결론이 될 것이다. 그렇게 말하면 다 알기 때문이다. 한편, 질문자가 입원 환자를 받고 싶은 원장이라면 결론은 "식도 열공 탈장입니다. 입원이 필요하지는 않습니다."(세 마디)가 된다. 이 경우 원장이 알고 싶어 하는 것은 입원이 필요한지의 여부이기 때문이다.

이것이 사람에 따라 알고 싶어 하는 정보가 바뀐다는 말의 의미다. 설명에 필요한 정보를 자신의 내부가 아니라 상대의 내부에서 찾을 때 비로소 결론을 발견할 수 있는 이유가 전해졌는지 모르겠다.

설명 능력이 뛰어난 사람이 업무 능력도 뛰어난 이유

●

업무 능력이 뛰어난 사람은 설명을 잘한다. 당신은 이런 느낌을 받은 적이 없는가? 나도 함께 일을 하거나 가게에서 값비싼 물건을 살 때 내가 원하는 말을 정확히 전해 주는 사람을 만나면 '유능한 사람이구나.'라고 생각한다. 반대로 엄청난 고학력자라도 도저히 의미를 알 수 없는 설명밖에 못하면 무의식중에 '일은 잘 못하는구나.'라고 느낀다.

실제로 나는 업무 능력과 설명 능력 사이에 연관성이 있다고 확신한다. 설명 능력은 가장 짧은 말로 결론을 찾아내는 것이다. 그리고 업무에서는 가장 효율적으로, 최단거리로 답을 찾아낼 수 있는 사람이 우수하다고 평가 받는다. 나는 이것이 설명 능력과 업무 능력의 공통분모라고 느낀다.

가령 '커뮤니케이션 능력을 키우고 싶어.' 같은 막연한 희망만을 품는 사람은 커뮤니케이션 능력을 키우지 못한다. 커뮤니케이션 능력은 하나의 능력이 아니라 수많은 능력이 복합된 것이기 때문이다. 말하는 능력, 설명 능력, 공감 능력, 질문 능력, 유머, 칭찬하는 능력 등 다양한 능력이 복합적으로 작용하며, 그 능력들을 익히기 위한 공부법도 저마다 다르다. 그러나 막연한 생각밖에 못하는 사람은 구체적인 공부법이나 세미나를 찾아내지 못한다. 왕국 이야기에 나온 포도송이와 같은 상태다.

한편 업무 능력이 뛰어난 사람은 머릿속에 좀 더 구체적인 이미지를 그린다.

'나는 잡담은 잘하지만, 잡담을 통해서 사람들과 친해지는 것은 서툴러. 내 생각에 이건 타인에게 공감하는 능력이 부족하기 때문이야. 그러니 업무상 처음 만난 사람에게서도 호감을 얻을 수 있도록 3개월 동안 공감 능력을 키우자.'

커뮤니케이션 능력을 키우자고 막연하게 생각하는 사람보다는 내용이 구체적이다. 이것은 왕국 이야기의 포도 씨앗에 해당한다. 그러므로 어떤 책을 읽어야 할지, 어떤 강좌를 수강해야 할지도 명확해진다. 강사에게도 구체적인 상황을 말하면서 향상시키고 싶은 부분을 전할 수 있기에 원하는 정보나 조언을 얻을 수 있다.

이렇게 해서 그 사람은 짧은 시간에 효율적으로 자신이 원하는 능력을 익힌다. 다른 일을 할 때도 같은 방식으로 생각하고 행동하기에 요령이 나쁜 사람과 격차가 벌어지는 것은 당연한 일이다.

설명 능력은 핵심 부분을 적확히 파악하는 능력이다. 당신도 반드시 이 능력을 자신의 것으로 만들길 바란다.

COLUMN 1

제 3 장

결론이 머릿속에 쉽게 떠오르도록 만드는 법

저녁 식사에 늦을 때는
이렇게 말하라

● 상대의 처지가 되어서 사물을 바라보고, 상대의 처지에서 전한다. 앞에서 수없이 이야기한 내용이지만, 설명이 서툰 사람에게 쉽지 않은 일인 것은 분명하다. 그래서 간단한 부탁을 하는 사례를 준비했다. 이 사례를 바탕으로 상대의 처지가 되어서 상상하는 비결을 익혀 보자.

흔히 볼 수 있는 간단한 부탁을 예로 생각해 보자
당신은 집에서 일을 하고 있었다. 오늘은 아내(당신이 여성이라면 남편)가 저녁 식사 담당이다. 두 사람에게 아이는 없으며, 저녁 식사는 두 명이 함께 먹는 것이 규칙이다. 평소 저녁 식사 시간은 오후 7시인데, 그날은 7시에 업무 관련 전화가 와서 15분 정도 통화를 해야 할 것 같음을 저녁 5시경에 알게 되었다. 당신은 이 사실을 아내(남편)에게 어떻게 전하겠는가?

누구나 할 수 있을 것 같은 간단한 부탁이지만, 여기에는 설명을 할 때 빠지기 쉬운 의외의 함정이 숨어 있다. 과연 상대의 처지가 되어서 전했을까?

당신은 어떤 유형?
먼저 대표적인 답을 소개하겠다.

① "오늘은 7시에 업무 전화가 올 거야."
② "오늘 저녁은 15분 정도 늦게 먹자."
③ "오늘은 7시 15분부터 저녁 식사를 할 수 있을 것 같아."
④ "전화가 올 거라, 15분 정도 기다려 줘."
⑤ "오늘 저녁 식사는 7시 15분부터 하면 안 될까?"

상대의 처지가 되어서 상상해 본다
당신이 제일 먼저 할 일은 상황을 상상하는 것이다. 이때 자신과 상대를 분리하고, 상대가 어떻게 해 줬으면 하는지 상상한다.

자신에게 전화가 온다. 통화 시간은 15분 정도일 것 같다. 그 상황에 맞춰 상대가 해 줬으면 하는 것이 무엇인지 상상한다.

**"당신이 해 줬으면 하는 것은 ○○입니다."라고
전하는 것이 상대의 시점에서 의뢰하는 것**

⑤ "오늘 저녁 식사는 7시 15분부터 하면 안 될까?(결론을 세 마디)
"7시에 전화가 올 건데, 15분 정도 걸릴 것 같아."(이유를 다섯 마디)

이것이 상대의 처지에서 설명할 수 있는 사람의 전달법이다.
중요한 점은 '누가', '무엇을 해 줬으면 한다.'라는 것부터 전할 수 있느냐다. 요컨대 자신과 상대를 명확히 분리할 수 있느냐다.

다음으로 중요한 점은 '무엇을 해 줬으면 한다.'라는 부분이 구체적이냐다. 이번 사례에서는 '저녁 식사를 7시 15분부터 했으면 한다.'라고 구체적으로 전하는 것이 중요하다. 그러면 상대는 자신이 해야 할 일을 쉽게 알 수 있다.

이렇게 답만 보면 간단해 보이지만, 나의 교실에서 이 예를 들었을 때 올바르게 대답한 사람은 절반이 채 되지 않았다.

내 생각만은 금물,
상대방이 먼저다

● **자신의 사정이나 상황밖에 전하지 못하는 사람**

먼저, 상대의 처지에서 바라보는 시점이 완전히 결여된 사람이 있다. 이런 사람은 자신의 사정이나 상황밖에 전하지 않는다. 그래서,

① "오늘은 7시에 업무 전화가 올 거야."

위와 같은 말로 충분하다고 생각한다. 이 경우의 주어는 자신이며, 상대가 무엇을 해 줬으면 하는지 전혀 전하지 않았다.

그러므로 상대는 식사 준비를 하라는 것인지 말라는 것인지, 식사 시간을 늦춰야 할지 말아야 할지 알 수가 없을 터이다.

'누가', '무엇을 해 줬으면 한다.'라고 전했는지 확인한다

② "오늘 저녁은 15분 정도 늦게 먹자."
③ "오늘은 7시 15분부터 저녁 식사를 할 수 있을 것 같아."
④ "전화가 올 거라, 15분 정도 기다려 줘."

내 교실에서는 이렇게 말할 것이라고 대답한 사람이 많았다. 과연 '누가', '무엇을 해 줬으면 한다.'를 구체적으로 전한 것일까? 사실 여기에는 '누가'가 모호하며 '해 줬으면 하는 것'이 구체적으로 전해지지 않았다는 문제가 있다. 아마도 이 유형의 사람은 자신과 상대를 명확히 분리하지 않는 듯하다. 그래서 '누구'가 모호해지는 경향이 있으며, 그 결과 '무엇을 할 것인가?'가 불명확해진다.

② "오늘 저녁은 15분 정도 늦게 먹자."
③ "오늘은 7시 15분부터 저녁 식사를 할 수 있을 것 같아."

위와 같은 표현의 경우, ②③ 모두 행동을 하는 주체는 '우리'가 된다. '배우자'가 아니다. 상대에게 부탁하는데 주체가 '우리'인 것은 이상하지 않은가?

그리고 "15분 정도 늦게 먹자.", "7시 15분부터 저녁 식사를 할 수 있을 것 같아."는 부탁이 아니다. 당신도 눈치 챘겠지만, 여기에는 상대가 무엇을 해 줬으면 하는지가 표현되어 있지 않다. 정확히는 "저녁을 15분 정도 늦게 먹자."가 아니라 "저녁 식사 시간을 15분 정도 늦출 수 없을까?"라고 말해야 한다. 또한 "7시 15분부터 저녁 식사를 할 수 있을 것 같아."가 아니라 역시 "저녁 식사 시간을 15분 정도 늦출 수 없을까?"라고 전하는 것이 올바르다.

④ "전화가 올 거라, 15분 정도 기다려 줘."

위의 경우, 행동을 하는 주체가 상대인 점은 좋다. 그런데 상대에게 부탁하는 것이 '기다리는 것'이 되었다. 상대가 해 줬으면 하는 것은 ②③과 마찬가지로 '저녁 식사 시간을 늦추는 것'이다.

이처럼 설명이 서툰 사람은 행동을 하는 주체와 상대가 해 줬으면 하는 행동이 모호한 경향이 있다. 자신과 타인을 분리하고 상대의 처지에서 설명하는 것이 서툴다.

부탁이나 지시를 할 때는 '당신이 해 줬으면 하는 것은 ○○입니다.'라는 것을 명확히 의식하고 그것을 중점적으로 전해 보길 바란다. 틀림없이 상대가 이해하기 쉽게 메시지를 전할 수 있을 것이다.

상대가 눈치껏 이해해 주는 것에 의존한 결과

여기까지 읽고 '너무 사소한 이야기만 하네……. 뜻이 전해지기만 하면 어떻게 말하든 상관없잖아?'라고 느낀 사람도 있을 것이다. 그러나 지금까지 모호하게 설명해도 메시지가 전달되었던 것은 정보를 공유하고 있고 상대가 '아마도 이런 이야기일 거야.'라고 눈치껏 헤아려 준 덕분이라고 말할 수 있다.

그러나 업무 현장에서는 매번 상대의 이해력에 의존할 수가 없다. 상대와 정보를 공유하고 있지 않은 경우도 있고, 일을 하다 보면 좀 더 복잡한 정보를 전해야 하는 상황이 많을 것이다. 진정으로 설명 능력을 키우고 싶다면 일상생활 속에서도 귀찮아하지 말고 상대를 주체로 삼아서 무엇을 해 줬으면 하는지 구체적으로 전하려는 노력을 계속하길 바란다.

상대방이 원하는
정보는 따로 있다

● 지금까지 설명이나 보고를 할 때 '상대가 (그 설명을 들은 뒤에) 무엇을 할 것인가?', '상대에게 중요한 정보는 무엇인가?'를 상상해 보라고 말했지만, 익숙하지 않은 동안에는 무엇을 어떻게 해야 할지 당혹스러운 사람도 많을 것이다. 그럴 경우, 처음에는 설명이나 보고를 해야 함을 사전에 알고 있는 상황에서 시도해 볼 것을 권한다.

시간을 들여서 천천히 생각해 보면 상대가 자신의 정보를 어떻게 사용할지, 그리고 상대가 원하는 정보, 다시 말해 결론은 무엇인지가 보일 것이다.

상대가 상사라면 '매출을 높이는 것', '비용을 절감하는 것', '사원의 능력을 향상시키는 것', '시스템을 개선해 효율을 높이는 것', '생산성을 높여 이익을 내는 것', '트러블에 대처해 고객과의 신뢰 관계를 쌓는 것' 등을 상상해 보길 바란다. 이때 회사의 상황이나 부문 또는 상사의 처지, 상대의 성격, 행동과 판단의 기준까지 함께 생각하면 좀 더 정답에 접근할 수 있을 것이다.

주문 취소를 예로 생각해 본다

거래처가 상품 주문을 취소했다. 대형 안건은 아니지만, 최근 들어서 비슷한 취소 사례가 잇따르고 있다. 지금부터 상사에게 이 일을 보고해야 하는데, 만약 5분이라도 생각할 여유가 있다면 상사가 이 정보를 어떻게 사용할지 생각해 보자.

[상상①] 상사가 주문 취소를 막기 위해 고객에게 연락하거나 상대의 회사를 찾아가리라고 예상될 경우

이 경우, 상사에게 필요한 것이 취소 이유, 자사의 과실 유무, 고객의 마음을 움직일 재료(가격, 가격 이외의 서비스 등)라고 판단된다면 그 정보를 전한다.

구체적으로 말하면 이렇다. 상대가 과장이라고 가정했다.

"과장님, ○○사가 ××제품의 주문을 취소한다고 연락했습니다."
➡ **네 마디**

"취소 이유는 품질이 같은 ▲▲사의 제품이 할인율이 더 높아서라고 합니다." ➡ **다섯 마디**

"이후의 유지 관리 비용을 감안하면 3년 후부터는 우리 회사의 제품을 사용하는 편이 비용의 측면에서 유리하다고 말했더니 잠시 생각하는 눈치였습니다." ➡ **열 마디**

"이 점을 한 번 더 과장님께서 설명하신다면 결정을 바꿀 수 있을지도 모릅니다." ➡ **여섯 마디**

[상상②] 상사가 향후의 취소 방지를 더 중시할 것으로 예상될 경우

고객의 진짜 취소 이유를 끌어낸다. 다른 거래처에서 비슷한 취소가 발생하지는 않았는지 담당자에게 이야기를 들은 뒤에 그 정보를 전한다. 구체적으로 말하면 이렇다. 이번에도 상대가 과장이라고 가정했다.

"과장님, ○○사가 ××제품의 주문을 취소한다고 연락했습니다."
➡ **네 마디**

"이 제품의 취소는 이번 달에만 네 건째라는 이야기를 담당자인 A 주임에게 들었습니다." ➡ **여섯 마디**

"듣자 하니 지점의 영업 사원이 취소가 가능하니까 일단 계약해 달

라고 세일즈 토크를 하는 모양입니다." ➡ **여섯 마디**

"○○사의 담당자에게 직접 들었습니다." ➡ **세 마디**

"어떤 관점에서 설명하면 좋겠습니까?"라고 질문한다

자신의 설명을 상대가 무엇인가에 사용한다. 그 결론은 상대의 내부에 있다. 그러므로 상대가 원하는 정보가 보이지 않을 때는 상대에게 물어보면 된다.

"과장님, ○○사가 ××제품의 주문을 취소한다고 연락했습니다. 대형 안건은 아니지만 사정을 설명 드리겠으니, 먼저 ○○사의 취소를 막는 것과 아니면 앞으로 같은 취소가 발생하지 않도록 막는 것 중 어떤 관점의 설명을 듣고 싶으신지 말씀해 주십시오."

이렇게 보고하면 상사도 '유능한 친구군.'이라고 느낄 것이다.

처음에는 자신의 상상과 다를 경우도 생각해 놓는다

아직 익숙하지 않은 것을 시도하는 중이니, 당신의 상상과 상사가 원하는 바가 다를 경우도 생각해 놓자. 시간이 있다면 복수의 패턴을 준비해 놓는 것이 좋다.

그리고 보고한 뒤에는 자신의 상상이 빗나간 이유를 되돌아보면 성장의 계기가 된다. 타인의 처지가 되어 보는 경험은 당신의 설명 능력을 높이는 데 큰 도움이 될 것이다.

설명이 술술 나오게 하는
상상력 훈련

● 　　　상대가 한 명이라면 아직 익숙하지 않을 때라도 어떻게든 상상력을 발휘할 수 있을지 모르지만, 등장인물이 복수이면 각자의 상황이나 생각을 생각해야 하기 때문에 상당히 복잡해진다.

　가령 다음과 같은 상황을 생각해 보자. A는 어느 제조사의 물류 부문 담당으로, 지점이 판매한 제품을 거래 기업에 보내기 위한 수단을 수배하는 일을 한다. 하루는 평소에 이용하는 화물 열차를 어떤 문제로 인해 사용할 수 없게 되어 예정일에 기계를 고객에게 보내기가 불가능해졌다. A는 황급히 지점의 담당자에게 연락했다.

눈앞에 있는 사람에게 설명하는 것도 쉬운 일이 아닌데, 전화로 이야기하게 되면 복잡함이 더욱 커진다. 어떤 정보가 필요한지 순식간에 파악하기가 어려운 것이다. 실제로 이 이야기의 실제 모델도 무엇을 전해야 할지 알 수가 없어서 눈에 보이는 정보를 모조리 전하는 바람에 지점의 담당자에게서 클레임을 받았다고 한다.

이런 때일수록 지점 담당자에게 전화를 걸기 전에 '내 보고를 받은 뒤, 이 사람은 무엇을 할까? 내가 보고한 정보를 무엇에 사용할까?'를 생각해 봐야 한다.

냉정하게 생각한 결과, A는 보고를 받은 지점 담당자가 곧바로 어떤 행동을 할지 상상할 수 있었다.

'고객 기업의 담당자에게 전화할 거야.'

당연한 일처럼 생각되겠지만, 설명이 서툰 사람은 일단 패닉에 빠지면 이런 것도 깨닫지 못하게 된다. 차분하게 이런 상상을 할 수 있게 될 때 설명 능력이 향상되는 것이다.

이렇게 해서 고객이라는 새로운 인물이 등장한다. 당신은 지점 담당자와 그 고객의 관계를 상상해야 한다. 익숙한 사람에게는 쉬운 일이지만, 경험이 없는 사람에게는 어려운 도전이다.

다음으로 상상할 것은 고객에게 전화를 건 담당자가 무엇을 할 것이냐다. 먼저 사과부터 하고, 다음에는 이유를 설명할 것이다. 물론 고객은 화를 낼 것이다. 그런 뒤에는 어떻게 대처해야 할지 고객과 의논한다. 고객과 의논하는 내용도 자신이 담당하는 업무이므로 상상이 갈 것이다. 먼저 화물 열차를 대신할 운송 수단을 제시한다. 운송료도 바뀔지 모르므로 다시 교섭한다.

이렇게 생각하면 지점 담당자에게 전해야 할 정보는 '화물 열차를 사용할 수 없게 되었다.', '화물 열차를 사용할 수 있게 되기까지의 시간', '화물 열차를 대신할 운송 수단', '도착 예정일', '운송료의 변경' 등일 것이다. 그런 정보가 필요하다고 파악했다면 그것을 철저히 조사한 다음 연락한다.

이렇게 정리할 수 있게 되자, A는 자신이 지금까지 얼마나 불필요한 정보를 쓸데없이 전해 왔는지 통감할 수 있었다. '철도 회사로부터 연락을 받고 자신이 패닉에 빠졌던 이야기', '화물 열차의 운용 시스템', '트럭을 보유한 운송 회사의 담당자의 인품' 등, 냉정하게 생각하면 불필요함을 금방 알 수 있는 정보까지 늘어놓았던 모양이다.

당신이 할 필요가 있는 설명에는 누가 등장하는지, 그 사람은 당신에게 받은 정보로 무엇을 할지, 이를 위해 필요한 정보는 무엇일지 등을 생각하는 습관을 들이길 바란다.

욕구와 두려움 속에 있는
진짜 정보

● 상대가 원하는 정보란 무엇일까? 이것이 좀처럼 상상되지 않는다는 사람에게 힌트를 하나 주겠다. 사람이 지닌 욕구와 두려움에 주목하라는 것이다. 상대도 어차피 사람인 이상, 자신의 욕구를 충족하는 것 아니면 두려움을 회피하게 해 주는 것을 원하기 마련이다.

사람이 지닌 욕구에 초점을 맞춰서 상상한다
먼저 사람이 지닌 욕구에 주목하자. 가령 상대가 상사라면 그것은 매출을 높이는 것, 경비를 줄이는 것, 업무 속도를 높이는 것, 부하 직원을 육성하는 것, 상사의 상사에게 칭찬 받는 것이라고 할 수 있다. 그리고 이 욕구의 대부분은 자신의 평가를 높이기 위한 것이다. 또한 사람에 따라서는 빨리 귀가하고 싶다는 욕구도 있을 터이다.

상사가 원하는 것은 그런 욕구를 충족시켜 주는 말일지도 모른다. 그렇게 생각하면 상사가 당신의 말을 듣고 무엇을 할지가 보일 것이다.

제1장에 나왔던 골프 용품점의 손님이라면

골퍼의 욕구는 결국 스코어를 낮추고 싶다는 것이다. 더욱 구체적으로 표현하면 '미스를 줄이고 싶다.', 'OB를 방지하고 싶다.', '동료보다 앞서 나가고 싶다.' 같은 욕구도 있을 터이다.

가령 제1장에 나왔던 골프 용품점 점원의 경우, "스코어를 4는 줄일 수 있습니다."라든가 "좁은 코스에서도 OB를 걱정할 필요가 없습니다." 같은 말을 했다면 손님의 마음을 사로잡을 수 있었을 것이다. 반대로 클럽에 사용한 금속의 명칭이라든가 특징 같은 것은 그 손님에게 별다른 가치가 없는 이야기다.

업무 진척 상황의 보고에서 상사가 원하는 것은 '언제, 무엇이 가능한가?'라는 말

"그 건, 어떻게 됐나?"라는 질문을 받았을 때, 상사의 욕구라는 관점에서 이야기를 상상해 보자. 상사가 원하는 바가 '어디까지 완성되었는지 파악하고 싶다.', '빨리 완성했으면 좋겠다.'라는 것임에는 틀림이 없다. 따라서 "현재 3분의 2까지 완성했습니다. 금요일 오전 중에 결과물을 확인하실 수 있을 겁니다."라고 보고함으로써 그 욕구를 충족시켜 주면 상사는 안심할 것이다.

한편 '어려움을 겪고 있는 부분', '자신 없는 부분', '일이 진행되지 않는 이유' 등은 우선순위가 낮은데, 유심히 살펴보면 우선순위가 낮은 정보는 상대와 상관없는 자신의 사정인 경우가 많다.

상대가 지닌
두려움을 상상한다

● 두려움 또한 사람을 크게 움직이는 동기가 될 수 있다. 아니, 사람을 움직이는 힘은 이쪽이 더 강하다. 사람은 항상 무엇인가를 두려워하며 그렇게 되지 않도록 경계하는 존재이기 때문이다. 상대가 원하는 키워드를 상상할 때는 그 사람이 지닌 두려움에도 주목해 보자.

제1장에 나왔던 의사의 경우(14페이지)
제1장에 나왔던 의사의 설명을 다시 한 번 생각해 보자. 그때

환자가 지닌 두려움은 틀림없이 '심각한 병에 걸린 것은 아닐까?', '죽는 것은 아닐까?'라는 것이다. 그래서 제일 먼저 "큰 병은 아니니 안심하세요. 약으로 치료할 수 있습니다."가 결론이 된 것이다.

이럴 때일수록 상대가 지닌 두려움에 주목해야 한다. 그 두려움이 사라졌을 때 비로소 환자는 '어떤 병인가?', '어느 정도의 치료가 필요한가?'에 관심을 보인다. 이것이 병명이나 내장 기관에 대한 설명 등은 뒤로 미뤄도 되는 이유다.

제3장에서 나왔던 물류 부문 담당자의 경우(75페이지)

제조사에서 물류 부문을 담당하는 직원 A가 화물 열차를 사용할 수 없게 되었음을 지점 담당자에게 전하는 상황을 생각해 보자.

A가 생각해야 할 상대는 지점 담당자다. 상대의 두려움을 상상해 보면, 결국 '고객과의 골치 아픈 교섭'이라고 할 수 있다. '고객은 화를 낼 거야.', '문제는 정말 싫어.', '빨리 해결하고 싶어.'라는 초조함이 지점 담당자의 머릿속에 가득할 것임은 상상하기 어렵지 않다. 이렇게 생각하면 자신이 전해야 할 것은 지점 담당자가 고객과 이야기를 원활하게 진행하기 위한 정보임을 알 수 있지 않을까?

상사라면

상사가 두려워하는 것은 무엇일까? 자신의 평가가 하락하는 것, 그리고 골치 아픈 문제에 휘말리는 것이다. 이런 우려가 있는 상황이라면 상사는 그것을 회피할 수 있는 정보를 고대하고 있을 터이다.

✳ ✳ ✳

어떤가? 설명이나 보고를 할 때는 상대의 욕구나 두려움을 상상해 보자. 그것을 만족시키는 정보를 제일 먼저 전하자. 이것이 어렵게 느껴진다면 처음에는 설명하기까지 시간적으로 여유가 있을 때 시도해 보길 바란다.

   틀림없이 도움이 될 것이다.

방관자의 위치에서
타인의 보고 들어보기

● 내가 교실에서 늘 강력히 권하는 것이 있다. '타인의 설명'을 주의 깊게 들어 보라는 것이다. 자신이 당사자라면 큰 압박감을 느끼는 가운데 '상대는 나의 정보를 무엇에 사용할까?', '상대가 가장 원하는 정보는 무엇일까?' 등을 순간적으로 떠올려야 하는데, 처음에는 이런 습관이 어려울 수 있다.

그럴 경우는 타인이 상사 등에게 설명하거나 보고하는 내용을 옆에서 들을 기회가 있을 때 '이 경우는 ○○이 결론 아닐까?'라든가, '상사가 가장 원하는 정보는 틀림없이 ○○일 거야.'라고 상상하면서 그 설명을 들어 보자. 압박감을 느끼지 않을 때는 상당히 쉽게 결론을 찾아낼 수 있기 마련이다.

내가 고문을 맡고 있는 회사의 사원은 2인 1조로 영업 활동을 한다. 그래서 자신의 파트너가 설명하는 것을 매일 듣게 되는데, 나는 이것을 좋은 기회로 여기고 파트너의 설명에 항상 귀를 기울이면서 파트너가 영업 상대나 상사에게 그 사람이 가장 원하는 정보를 제일 먼저 전하고 있는지 서로 확인하라고 조언했다. 실제로 그들은 내게 "타인의 설명은 어떤 점이 잘못되었는지 금방 알 수 있더군요."라는 이야기를 종종 한다.

또한 자신이 누군가에게 설명을 들을 때도 좋은 기회다. 설명이 서툰 사람을 만났다면 '내가 가장 원하는 정보는 ○○이구나.', '나는 이 사람의 설명을 듣고 ○○에 사용하고 싶어 하는구나.' 같은 생각을 해 본다. 그러면 결론을 금방 찾아낼 수 있게 될 것이다.

이런 것들은 전부 '상대는 이 정보를 무엇에 사용하는가?', '상대가 가장 원하는 정보는 무엇인가?'라는 결론을 찾아내는 원칙을 알고 있기에 가능한 것이다.

다음번에 누군가가 설명이나 보고를 하는 상황을 접하면 절대 남의 일로 생각하지 말고 자신이 성장할 기회로 여기면서 몰래 귀를 기울이길 바란다.

결론을 찾아내는
속도를 높이는
확실한 방법

● 결론을 찾아내는 속도를 높이는 확실한 방법이 있다. 그것은 자신이 전하고자 하는 내용을 전부 종이에 적어 보는 방법이다. 단, 무작정 적기만 해서는 효과가 없다.

**모든 정보를 짧은 문장으로 적고,
줄 바꿈을 하면서 나열해 본다**

가령 "A사와의 제휴 기획의 진척 상황은 A사와 법무상의 합의에 이르지 못해 현재 보류 상태이며, 다음 달 3월의 미팅에서 합의를 이끌어내기 위해 A사의 담당자인 B씨와 상세한 사항을 협의 중입니다."라는 내용의 보고를 검토하고 있는 경우를 예로 들어 보겠다.

이것을 다음과 같이 분해해 보자.

[A사와의 제휴 기획의 진척 상황
A사와 법무상의 합의에 이르지 못해 현재 보류 상태
다음 달 3월에 미팅
미팅에서 합의를 이끌어내기 위해 A사의 담당자인 B씨와 상세한 사항을 협의 중]

이렇게 짧은 문장으로 만든 다음 전체를 바라보면 결론이 어디에 있는지 잘 보일 터이다.

결론이 보였다면 그 결론을 중심으로 내용을 다시 만든다.

이 경우는 '보류 중'을 결론으로 삼는 것이 타당하므로 다음과 같이 된다.

"A사와의 제휴 기획의 진척 상황은 현재 보류 상태입니다." ➡ *세 마디*
"이것은 A사와 법무상의 합의에 이르지 못한 것이 원인입니다."
➡ *세 마디*
"다음 달 3일에 A사의 담당자 B씨와 미팅을 할 예정입니다. 그곳에서 합의를 이끌어내기 위해 함께 상세한 사항을 협의 중입니다."

➡ **여덟 마디**

 어떤가? 어려운 설명에 직면했을 때, 실제로 메시지를 전하는 데 고생한 뒤 등에 이 방법을 시도해 보길 바란다. 머릿속이 깔끔하게 정리되면서 이야기의 줄기가 보이게 될 것이다.

종이 한 장으로
말을 절반씩 줄이는 기술

● 논문을 쓰거나 30분 이상의 강연을 하는 등 내용이 길어지는 경우는 결론을 찾아내는 것도 쉬운 일이 아닌데, 그럴 때 아주 좋은 방법이 있다.

먼저, 몇 페이지에 걸친 내용을 일단 절반으로 줄여 본다. 이렇게만 해도 불필요한 내용이 얼마나 많이 들어 있는지 깨닫게 된다. 그리고 줄인 내용을 또 절반으로 줄인다. '더는 줄일 부분이 없는데…….'라고 생각하는 사람이 많겠지만, 상관하지 말고 내용을 또 절반으로 줄인다. 그렇게 일정 수준까지 압축하면 정말 중요한 성분만이 남는데, 그 내용을 계속 줄여서 한 줄 정도의 짧은 말로 제련한다. 그 한 줄 속에는 진정으로 결정(結晶)이라고 말할 수 있는 주옥같은 말 세 마디 정도가 찬란한 빛을 발하고 있을 것이다. 바로 그것이 당신이 앞으로 많은 사람에게 전하려 하는 말이다.

그 말을 파악했다면 그것을 결론으로 삼아서 원고를 고쳐 써 보자. 그러면 처음에 썼던 원고와는 전혀 다른, 일관적이고 알기 쉬운 이야기가 탄생한다.

이런 작업을 거듭하면 쓸데없는 샛길로 빠져나가지 않으면서 사람들의 마음을 사로잡는 이야기를 할 수 있게 될 것이다.

질문에 어떻게 대답해야 할지 금방 알아내는 사람 vs. 언제나 우물쭈물하다가 대답을 못하는 사람

●

이 책을 취업 활동에 활용하려고 하는 학생도 있을지 모르겠는데, 그런 사람을 위해 질문에 숨어 있는 상대의 의도를 찾아내는 기술을 소개하겠다.

취업 활동을 시작하면 먼저 기업이 실시하는 설명회에 참가하게 될 것이다. 그곳에서는 같은 대학교를 나온 선배 사원이 이런저런 이야기를 해 줄 터인데, 설명회가 끝나고 학생들이 긴장을 풀었을 때 이런 질문을 할지도 모른다.

"오늘의 설명회는 어땠나요?"라는 질문이다.

이 질문에 어떻게 대답하는지를 보고 사회인으로서의 능력을 평가하는 것이다.

이때 대부분의 학생은 "이해하기 쉬웠습니다."라든가 "좋았습니다." 같은 대답밖에 못한다. 그러나 이것은 기업이 원하는 대답이 아니다. 이런 곳에서도 상대가 어떤 대답을 원하는지 찾아낼 수 있는 사람과 그러지 못하는 사람의 차이가 만들어진다.

기업 담당자가 원하는 대답은 무엇일까? 이 장에서 이미 이야기했

COLUMN 2

듯이, 그것은 상대의 욕구 또는 두려움 속에 있다. 기업 담당자가 원하는 대답은 "귀사에 입사하고 싶습니다."이며, 이 대답을 듣지 못했다면 '학생이 바라는 설명회의 형태'나 '학생이 생각하는 그 회사에 입사하고 싶어지는 결정적 요소' 등을 듣는 것이 아닐까? 그리고 두려운 점이 있다면 '우수한 학생을 다른 기업에 빼앗기는 것은 아닐까?', '취업 활동의 트렌드를 따라잡지 못하고 있는 것은 아닐까?' 등일 것이다.

자, 이제 다음으로 생각해야 할 것은 무엇인지 기억하는가? 담당자가 그 정보를 무엇에 사용하느냐는 것이었다. 이것을 생각해 보면 '우수한 학생을 많이 채용한다.'라는 누구나 알 수 있는 답이 떠오를 터이다.

그러면 "오늘은 저희 1년 선배님들이 많이 오셨는데, 입사 5년차, 10년차 선배님들의 이야기를 듣고 저의 미래 모습을 상상할 수 있는 설명회가 된다면 더욱 기쁠 것 같습니다."라든가 "업무에 어떤 어려움이 있고 그런 어려움에 어떻게 대응하고 있는지 좀 더 자세한 이야기를 들을 수 있다면 일할 각오를 다질 수 있을 것 같습니다."라는 대답을 할 수 있게 될 것이다.

이런 대응을 할 수 있는 학생이라면 채용 담당자는 이름 옆에 '◎'를 표시해 놓을 것이 분명하다. 이런 부분에서 이미 선별이 시작되었다고 생각해야 한다.

상대의 의도를 감지하고 대답한다. 이것이야 말로 머리가 좋은 사람이 질문에 대답하는 방법이다.

참고로, 가장 머리가 나쁜 사람은 자신을 현명하고 가치 있는 사람처럼 보이려 한다.

"오늘의 정보는 전부 이미 알고 있는 것이었습니다."

"설명회는 어디든 다 비슷비슷하네요."

이런 대답을 하는 사람이 있으면 담당자는 그 자리에서 몰래 그 사람의 이름 옆에 '××'라고 표시한다.

머리가 좋은 사람과 나쁜 사람의 대답 방식. 이것은 사회인이 된 뒤에도 계속 평가의 기준으로 사용되는 절대적인 원칙이다. 절대 잊지 말길 바란다.

COLUMN 2

제 4 장

하고 싶은 말을 당황하지 않고 세 마디로 말하는 기술

대화는 영상의
캐치볼이다

● 메시지를 전하는 것에 어려움을 느끼는 사람은 이야기하는 것을 너무 어렵게 생각하고 있는지도 모른다. 예를 들어, '신칸센…… 후지산…… 아름다워.'

이렇게만 들어도 후지산을 배경으로 신칸센이 지나가는 아름다운 풍경이 자연스럽게 머릿속에 떠오르는 법이다. 개중에는 스토리까지 머릿속에서 떠오르는 사람도 있을지 모른다.

"대체 무슨 말을 하는 건지 모르겠군."이라는 말을 듣는 사람은 말을 너무 많이 한다. 어떤 이야기든 간결하게 전하는 편이 더 쉽게 이해할 수 있다.

이 장에서는 이야기를 알기 쉽게 전하는 비결을 설명하겠다.

자신이 영상을 떠올리면서 이야기하고 있음을 깨닫는다

"당신은 어제 저녁에 무엇을 먹었습니까?"

이 질문에 대답해 보길 바란다. 이때 당신의 머릿속에는 어제 저녁에 식사를 하는 모습이 떠오를 것이다. 생선 구이나 돈까스, 된장국에 밥, 절임에 맥주······. 이런 영상이 떠오르지 않았을까? 우리는 그 영상을 보면서 이야기를 한다. 말을 잘하는 사람은 이 사실을 깨닫고 있어서, 머릿속에서 영상을 생생하게 떠올리며 이야기한다.

자신이 떠올리고 있는 영상을 의식하면서 이야기하는 것이 메시지를 잘 전달하기 위한 첫 번째 비결이다.

상대도 당신의 이야기를
영상으로 만들며 듣는다는 사실을 의식하면서 전한다

그런데 당신의 이야기를 듣는 사람도 역시 그 이야기를 영상으로 변환하면서 듣는다.

"어제 가게에서 쇠고기 전골을 먹었는데, 정말 맛있었어요. 그렇게 큰 고기는 처음 봤다니까요?"

당신이 이렇게 말하면 상대의 머릿속에 그 장면이 떠오르며, 반사적으로 입속에 침이 고인다. 요컨대 우리는 영상을 통해서 커뮤니케이션을 하고 있는 것이다. "대화는 말의 캐치볼이다."라는 말이 있는데, 앞으로는 "대화는 영상의 캐치볼이다."로 바뀔 것이다.

듣는 상대도 나의 이야기를 영상으로 만들며 듣는다.

이 사실을 의식하면서 이야기하는 것이 메시지를 잘 전달하기 위한 두 번째 비결이다.

그렇다면 듣는 이가 영상을 떠올릴 수 있도록 전달하는 방법을 소상히 전수하겠다.

모든 이야기는
머릿속에서 영상화된다

● 상대는 나의 이야기를 영상으로 만들면서 듣는다. 이 사실을 명확히 의식하면서 이야기하는 사람은 아직 극소수일 것이다. 다만 생각해 보면 당신은 타인의 이야기를 들을 때 분명히 상대의 말을 영상화하면서 듣고 있을 것이다. 이것은 충분히 확인이 가능하다. 그러므로 상대 또한 당신이 하는 이야기를 영상화하면서 듣고 있다고 생각해도 무리는 없을 것이다.

말하는 이는 빠르게 영상화가 가능하지만, 듣는 이는 영상화에 시간이 걸린다

이야기를 할 때 상대에게 의미가 잘 전달되는 사람과 잘 전달되지 않는 사람 사이에는 어떤 차이가 있을까?

말하는 이는 자신이 경험한 것을 이야기하므로, 그 영상은 이미 본 적이 있는 것이다. 그래서 순식간에 영상화를 할 수 있다. 한편 듣는 이는 상황이 다르다. 말하는 이의 말을 듣고 그것을 해석한 뒤에 비로소 영상화를 한다. 듣는 이도 알고 있는 정보라면 그래도 영상화가 원활하겠지만, 처음 듣는 내용이라면 영상화에 시간이 걸릴 수밖에 없다.

그런데 말하는 이가 이 시간 차이를 고려하지 않고 자신의 속도로 말하면 어떻게 될까? 듣는 이는 영상화가 늦어져서 그저 이야기를 좇는 데 급급한 상황이 된다. 그리고 영상화되지 않은 채 흘러간 말은 듣는 이의 머릿속에 깊게 침투하지 못해 이해도가 낮아지며, 기억도 모호해진다.

다음의 문장을 빠른 속도로 단번에 속독해 보길 바란다. 얼마나 이해가 가능한지 시험해 보자. 상사가 부하 직원에게 지시한 내용이다.

> "X사에 실시할 프레젠테이션 말인데, A씨가 전날에 자동차로 나고야 지점에 가서 그곳에서 상품과 자료를 받고 1박 한 다음 아침에 오사카로 가 주게."

이렇게 상사가 정보를 한 호흡에 보내면 부하 직원은 영상화가 늦어질 수밖에 없다. 이래서는 제대로 듣지 못한 부분이 생겨서 업무에 지장을 초래할 것이다.

세상에는 한꺼번에 많은 정보를 이야기하는 것이 말 잘하는 사람의 조건이라고 오해하는 사람이 많다. 그러나 단순히 말을 전하기만 해서는 생각이 상대에게 전해지지 않는다. 이야기가 영상으로서 전해질 때 비로소 그 내용이 상대에게 전달된다.

지금부터 세 마디로 전하는 기술을 전수할 것이니, 부디 진정으로 말 잘하는 사람이 되길 바란다.

잠깐 '2초 뜸 들이기'의
엄청난 효과

● 나는 서너 마디 정도로 이야기를 전할 때 듣는 이가 그 이야기를 원활하게 영상화할 수 있다고 생각한다. 앞에서 상사가 부하에게 지시한 내용을 예로 들어 보겠다.

"X사에 실시할 프레젠테이션 말일세." ➡ *두 마디*
"A씨가 전날 자동차로 나고야 지점에 가 주게." ➡ *다섯 마디*
"그곳에서 상품과 자료를 받게." ➡ *네 마디*
"그날 밤은 나고야에서 1박을 해도 되네." ➡ *세 마디*

"이튿날 아침에 자동차로 오사카에 가 주게." ➡ **네 마디**

어떤가? 세 마디, 네 마디는 이렇게 짧다. 대부분은 "이렇게 짧게 말하라고?"라며 놀라겠지만, 이것이 메시지를 확실히 전하는 방법이다.

뜸이 영상을 만든다

"X사에 실시할 프레젠테이션 말일세."에서 말을 끊고, 뜸을 들인다. 시간은 2초 정도다. 이 뜸이 있으면 듣는 이는 영상을 떠올릴 수 있게 된다.

그러나 이 뜸을 만드는 것은 절대 쉬운 일이 아니다. 나의 교실에서는 뜸을 들이는 연습을 하지만, 그럼에도 많은 사람이 이 뜸을 들이지 않고 자신의 속도로 이야기를 진행한다. 상대가 영상을 머릿속에 그리는 시간을 의식하지 못하는 듯하다. 이런 사람은 여전히 문자가 머릿속에 있으며, 문자에 의존해서 이야기한다.

문자는 금방 잊히기 때문에 말이 막힐지 모른다는 두려움이 초조함을 낳아서 말하는 속도를 빠르게 만든다. 자신도 모르게 말하는 속도가 빨라지는 사람은 자신의 이야기를 머릿속에서 영상화하며 이야기하는 연습을 해 보길 바란다. 그러면 말하는 속도가 안정된다.

호응을 확인하고
이야기를 진행한다

● 세 마디로 말하고 말을 잠시 끊은 뒤에 의식했으면 하는 것이 있다. 상대의 호응이다. "X사에 실시할 프레젠테이션 말인데……."라고 말하고 말을 잠시 끊은 뒤 상대를 바라본다. 그러면 상대에게서 "네." 같은 호응이 돌아온다.

호응은 '영상을 떠올렸습니다.'라는 상대의 대답이다. 호응이 돌아왔다면 그것을 파악하고 이야기를 진행한다.

"X사에 실시할 프레젠테이션 말일세." …… (뜸) …… "네."

"A씨가 전날 자동차로 나고야 지점에 가 주게." …… (뜸) …… "네."
"그곳에서 상품과 자료를 받게." …… (뜸) …… "네."
"그날 밤은 나고야에서 1박을 해도 되네." …… (뜸) …… "네."
"이튿날 아침에 자동차로 오사카에 가 주게." …… (뜸) …… "알겠습니다."

이런 식으로 이야기를 진행한다.

상대의 호응과 자신의 말이 겹치지 않도록 주의한다

이때 많은 사람이 저지르는 실수가 있다. 상대의 호응과 자신의 말이 겹치는 속도로 이야기하는 것이다. 사람은 누구나 조금이라도 빨리 상대에게 말을 전하고 싶어 한다. 그러나 이것은 듣는 이의 영상화를 방해해 중요한 메시지가 전해지지 않는 결과를 만든다.

시간이 오래 걸리고 답답하다는 느낌을 받는 사람이 많겠지만, 당신의 주변에 정말로 이해하기 쉽게 말하는 사람이 있다면 그 사람이 어떻게 말하는지 유심히 관찰해 보길 바란다. 반드시 세 마디 정도의 짧은 말을 구사하면서 충분히 뜸을 들이며 이야기할 것이다.

**중요한 부분은 세 마디로 압축하지만,
중요도가 낮은 부분은 길게 이야기해도 된다.**

이야기에는 반드시 상대가 이해하고 기억해 주기를 바라는 부분과 흘려들어도 상관없는 부분이 있기 마련이다. 모든 이야기를 세 마디에서 끊으며 전하면 시간이 너무 오래 걸린다. 그러므로 중요한 부분은 세 마디로 짧게 전하지만 중요도가 낮은 부분은 말을 나열하면서 전한다.

이를테면 앞의 지시에서, "이튿날 아침에 자동차로 오사카에 가 주게." …… (뜸) …… "알겠습니다."로 이야기를 끝낸 뒤에 "참고로 나는 전날 오사카에 가서 X사의 사장을 접대할 겸 단골 술집에서 한 잔 할 걸세. 프레젠테이션이 성공하도록 지원해 줄 테니 걱정 말게." 같은 말을 할 경우, 이런 정보는 중요도가 낮으므로 세 마디를 의식하지 않고 단번에 전해도 무방하다.

말이 아니라
영상으로 전하라

● 말로 전하는 것이 아니라 영상으로 전하는 것. 이 감각을 터득하는 것은 간단한 일이 아닐지 모른다. 그러나 정말로 말을 잘하는 사람은 반드시 상대가 영상을 떠올리게 한다. 당신이 경험한 것과 비슷한 영상을 상대도 떠올리도록 전할 수 있다면 당신의 경험을 상대에게도 체험시킬 수 있는 것이다. 이와 관련해 간단한 예를 준비했다. 영상을 떠올리면서 읽어 보길 바란다.

"열이 났어."

"그래서 병원에 갔는데."

"의사 선생님이 인플루엔자 검사를 하자고 그러시더라고."

"그러더니 면봉을"

"콧구멍 속에 10센티미터나 찔러 넣는 거야."

"그리고 힘껏 휘저어."

"인정사정없이."

하나하나를 짧게 전하면 듣는 사람은 생생하게 영상을 떠올린다. 그리고 그 장면을 자신의 일처럼 체험한다. 이렇게 되면 그 일이 남의 일이 아니라 지금 자신에게 일어난 일 같은 착각을 일으킨다.

누군가가 자신의 콧속에 면봉을 10센티미터나 집어넣고 인정사정없이 휘젓는 듯한 기분이 든 사람은 얼굴을 찡그리고 몸을 움츠리며 "으악!" 하고 소리를 지른다. 그 고통이 생생하게 느껴진 것이다. 이야기가 전해졌다는 것은 바로 이런 것이다.

전하는 것은 체험시키는 것이다

전하는 것은 영상을 통해서 체험시키는 것이다. 이것이 가능할 때 비로소 듣는 이는 마음이 움직여 상품을 사고 싶어지거나 당신이 세운 기획에 관심을 느껴 계약하게 된다. 그것이

지시라면 듣는 이는 틀림없이 당신의 의도대로 움직여 줄 것이다.

자신의 이야기를 명확히 영상화하며 이야기한다
이것도 세 마디로 끊고 말과 말 사이에 뜸을 들이며 이야기한 결과다. 또한 당신도 명확히 영상을 떠올리며 이야기해 보자. 당신이 영상을 명확히 떠올리면 그것은 상대에게도 전해진다.

   신념이 강한 사람의 이야기는 다른 사람의 마음을 움직이기 마련인데, 나는 이것이 영상을 보내는 힘이 강하게 작용한 결과라고 생각한다.

상대방 뇌에
영상을 심어주는
핵심 키워드

● 전하고자 하는 것을 세 마디로 끊고, 뜸을 들이며 이야기한다. 이것만 실천해도 이야기가 상당히 잘 전해지게 된다. 다만, 만약 당신이 좀 더 말 잘하는 사람이 되고 싶다면 익혀야 할 기술이 한 가지 더 있다. 바로 감정 표현이다.

말을 잘하는 사람은 한 마디 한 마디를 할 때마다 감정을 미묘하게 조정한다

말을 잘하는 사람과 그렇지 못한 사람의 결정적인 차이는 바로 감정 표현이다.

"라이벌 기업이 말이지요, 가격 인하 공세를 펼친 끝에 도산하고 말았습니다."

가령 위의 이야기를 할 때를 생각해 보자.

말하는 이는 "라이벌 기업", "가격 인하 공세를 펼친 끝에", "도산하고 말았습니다."라는 한 마디 한 마디에 대해 각기 다른 감정을 느낄 것이다. 말을 잘하는 사람은 한 마디 한 마디를 상상하면서 말하는 까닭에 그 감정이 말에 담긴다.

가령 "라이벌 기업"이라는 말의 경우, 자신들을 괴롭혀 온 상대일 터이므로 약간의 증오심 같은 것이 있을지도 모른다.

"가격 인하 공세를 펼친 끝에"에서는 자신들이 그 기업의 가격 인하 공세 때문에 어려움에 처했을 터이므로 괴로움이 묻어날 것이다.

그리고 "도산하고 말았습니다."라는 말에는 역시 감출 수 없는 기쁨이 담겨 있을 것이다.

이런 각기 다른 감정을 한 마디 한 마디에 작게 실으면서 전한다. 이때 뜸을 들이는 시간이 감정을 전환하는 시간이 되기에 한 마디 한 마디마다 감정을 전환할 수 있는 것이다.

어렵게 느껴질지도 모르는데, 시험 삼아 아무도 없는 곳에서 소리 내어 말해 보길 바란다. 그 장면을 상상하면서 말하면 자연스럽게 감정이 솟아날 것이다.

"라이벌 기업이 말이지요," …… "가격 인하 공세를 펼친 끝에"……"도산하고 말았습니다".

감정을 너무 격렬히 표현하지 말고 자연스럽게 담는 것이 비결이다. 해 보면 의외로 재미있을 것이다.

사람은 감정에 이입하면 영상이 계속해서 떠오른다

왜 감정 표현이 말을 잘하기 위한 중요한 요인이 되는 것일까? 사람은 상대의 감정에 이입하면 단 한 마디의 말을 듣기만 해도 상상력을 크게 부풀리기 때문이다. 가령 "가격 인하 공세를 펼친 끝에"를 괴롭다는 듯이 표현하면, 말하는 이는 아직 아무 말도 하지 않았는데 듣는 이가 멋대로 '가격 인하 공세 때문에 힘들었나 보구나.', '상대 기업이 너무 무리했나 보네.' 같은 상상을 하면서 자동으로 영상을 떠올린다.

억지로 떠올리려 하지 않아도 영상이 잇달아 떠오른다. 이것이 감정 표현이 풍부한 사람의 이야기에 몰입하게 되는 이유다.

자신이 담담하게 이야기하는 경향이 있다고 느끼는 사람은 이야기를 구체적인 영상으로 떠올리고 그 안에 담긴 감정을 느끼면서 짧은 말로, 말과 말 사이에 확실히 뜸을 들이며 이야기해 보길 바란다. 듣는 이의 반응이 놀랄 만큼 달라질 것이다.

딱 세 마디로
이야기할 수 있게 된다

● 　　알기 쉽게 전하는 것이 서툰 사람은 말을 많이 하는데, 여기에는 이유가 있는 모양이다. 그 원인을 알고 의식해서 세 마디로 말할 수 있게 되면 믿음직스러운 사람이라는 이미지를 줄 수도 있다.

알기 쉽게 이야기하고 싶다면 이 말은 절대 금물!
장황하게 말하는 습관이 있는 사람을 보면 뜸을 들이는 것을 두려워한다는 느낌을 받는다. 이런 유형의 사람은 "……라서,"라든가 "……했는데 말이지," 같은 식으로 계속 말을 이어 나간다. 이런 식의 화법이 대표적이다.

"저는 영업 일을 하고 있는데, 커뮤니케이션이션이 서툰 편이라, 실적도 별로 좋지 않아서 말이지요, 상사한테 커뮤니케이션 능력을 키우라는 말을 듣고 있습니다."

이래서는 상대도 영상을 떠올릴 수가 없다.

"저는 영업 일을 하고 있습니다."
"그런데 커뮤니케이션이 서툰 편입니다."
"그런 탓에 실적도 별로 좋지 않습니다."
"상사도 제게 커뮤니케이션 능력을 키우라고 합니다."

말을 끊고, 뜸을 들이며, 상대를 바라본다. 이렇게 할 용기가 있다면 상대가 이해하기 쉽게 전하는 방법을 순식간에 터득할 수 있다.

아무래도 상관없는 말을 덧붙이는 원인은 '나쁜 인상을 주고 싶지 않아.'라는 두려움

불필요한 말이 늘어나는 데는 또 한 가지 이유가 있다. 그것은 '미움 받고 싶지 않아.', '이상한 사람으로 생각되고 싶지 않아.'라는 마음에서 자신을 옹호하는 말을 섞기 때문이다.

가령 "신칸센을 탔습니다. 그랬는데 후지산이 보이더라고요. 정말 멋졌습니다."라는 말을 할 때도 이 유형은 이런 식의 쓸데없는 말을 습관적으로 끼워 넣는다.

"얼마 전에 신칸센을 탔을 때 후지산을 보고 와 정말 멋지다고 생각했는데, 늘 창밖을 보는 건 아니지만, 우연히 밖을 본 타이밍이 때마침 후지산의 정면을 지나갈 때여서, 운 좋게도 볼 수가 있었네요."

"늘 창 밖을 보는 건 아니지만, 우연히 밖을 본 타이밍이 때마침 후지산의 정면을 지나갈 때여서, 운 좋게도 볼 수가 있었네요."는 전혀 필요 없는 말이다. 이것은 창밖을 멍하니 바라보는 사람이라는 오해를 받는 것이 아닐까 하는 두려움 때문이다. 말이 너무 많은 사람은 이처럼 굳이 할 필요도 없는 말을 많이 넣게 되고, 그 결과 전체적인 이야기를 이해하기 어렵게 만든다.

전하는 힘을 키우고 싶다면 필요한 말만을 골라서 세 마디로 자르고, 말과 말 사이에 뜸을 들인다. 불필요한 걱정은 하지 않는다. 용기를 내서 이 방법을 실천해 보길 바란다.

"신칸센을 탔는데 말이지요." …… (뜸) …….
"후지산이 보이더라고요." …… (뜸) …….
"정말 멋졌습니다." …… (뜸) …….

설득력 넘치면서 명확하게 전하는 법이 몸에 밸 것이다.

실적 1위들이
공통으로 사용하는
이야기 전달법

● "저 사람이 하는 말은 왠지 귓가에 계속 남아 있어."
　　이런 말을 듣게 된다면 당신은 말로 먹고 살 수 있을 정도의 이야기꾼이 된 것이다. 그렇게 되면 부하 직원은 당신의 지시대로 움직이고, 영업 사원은 계약을 속속 성사시키며, 리더는 회사의 멤버들에게 큰 영향력을 발휘할 것이다.

포인트는 키워드의 강조
멍하니 듣고 있어도 말이 귓가에 남는다. 그 비결은 키워드를 강조하며 그 밖의 말과 다르게 표현하는 것이다.

예를 들어 당신이 거래처의 객단가를 두 배로 높일 수 있는 새로운 기획을 개발해 거래처에서 이 기획을 프레젠테이션한다고 가정하자. 기획이 아무리 훌륭해도 그것을 다음과 같은 식으로 전한다면 거래처로부터 오케이 사인을 받기는 어려울 것이다.

"그러니까, 이 기획은 정말 획기적인 것으로, 여성의 아름다워지고 싶다는 심리를 자극해, 귀사의 객단가를 두 배로 높여 줄 것입니다."

이런 식으로 말하면 거래처의 담당자는 한 마디도 놓치지 않으려고 열심히 귀를 기울여야 한다. 그러나 프레젠테이션을 듣는 모든 사람이 열심히 들어 주리라는 보장은 없다.

먼저 한 문장으로 끊는 것부터 시작하자

당신의 참뜻을 전부 전하기 위해서는 세 마디로 전하는 것이 중요하다. 그러나 세 마디라는 짧은 말로 끊는 것에 당혹감을 느끼는 사람도 많을 것이다. 그럴 때는 먼저 한 문장(의미를 이루는 한 덩어리의 문장)으로 끊어서 전하는 것부터 시작해 보자. 예를 들면 이런 식이다.

"오늘은 획기적인 기획을 가져왔습니다."
"귀사의 객단가를 두 배로 높일 것입니다."

"여성의 아름다워지고 싶다는 심리를 자극하는 기획입니다."

이렇게 전하기만 해도 상당히 알기 쉬워진다. 일단은 이 형태를 목표로 삼자.

키워드는 천천히 강하게 말하며, 앞뒤에서 뜸을 들인다

타인을 설득하는 힘이 뛰어난 사람은 말을 더욱 짧게 끊는다. 단어 하나하나를 상상하게 해서 마치 그 내용을 체험시키듯이 전한다.

그들은 중요한 말을 다른 말과 차별화해서 전하는 솜씨가 뛰어나다. 일반적으로 키워드는 숫자나 고유 명사일 경우가 많다. 이번의 키워드도 "객단가를 두 배로 높인다."라는 세 마디인데, 이 말이 상대 담당자의 마음속에 강하게 남도록 전한다. 그 비결은 무엇일까? 중요 키워드의 경우 세 마디보다 짧게 압축하고, 그 말의 앞뒤에서 확실히 뜸을 들이며, 키워드를 천천히 힘주어 말하는 것이다.

"오늘은 획기적인 기획을 가져왔습니다." ➡ *세 마디* …… (뜸) …….
"귀사의 객단가를" ➡ **두 마디** …… (뜸) …….
"두 배로" ➡ **한 마디** …… (뜸) …….
"높일 것입니다." ➡ **한 마디** …… (뜸) …….
"여성의 아름다워지고 싶다는 심리를" ➡ *세 마디* …… (뜸) …….

"자극하는 기획입니다." ➡ *한 마디*

뜸이라는 것은 듣는 이가 영상을 떠올리는 시간이다. 그리고 적당한 뜸은 듣는 이의 집중력을 높인다. 듣는 이가 의식을 집중하고 있을 때, 마음을 움직이는 중요한 키워드를 천천히 힘주어 전한다. 그러니 당연히 기억에 각인될 수밖에 없다.

이 전달법은 설명이나 보고를 할 때도 사용할 수 있다. 영업이나 프레젠테이션을 할 때보다는 덜 과감한 편이 좋지만, '여기가 중요해.'라는 부분에서 키워드를 강조하며 전하면 그 중요한 부분이 상대에게 잘 전해진다.

어려운 대화도
부드러워진다

● 세 마디로 끊고 뜸을 들이는 전달법으로 설명이나 보고를 하면 생각지도 못했던 플러스알파가 생겨난다. 그것은 어려운 내용을 설명할 때 듣는 상대도 협력해 준다는 것이다.

예를 들면 다음과 같은 경우다.

"생산 인구가 감소하는 가운데 앞으로의 고용과 관련해 다이버시티 매니지먼트의 중요성이 강조되고 있는데, 고용이 증가하면 동시에 경기도 상승해서 일석이조의 효과를 기대할 수 있습니다."

이렇게 한 호흡에 전하면 상대가 어지간히 해당 정보에 정통한 사람이 아닌 이상 그 내용이 제대로 전달되지 않는다. 이것을 세 마디로 끊고, 뜸을 들이며, 상대의 호응을 기다리면서 전해 보자.

나	"앞으로는 생산 인구가 감소할 것입니다."
상대방	"네, 그렇겠지요."
나	"그런 가운데, 다이버시티 매니지먼트의 중요성이, ……(뜸)…… 강조되고 있습니다."
상대방	"다이버시티 매니지먼트가 뭔가요?"
나	"다이버시티라는 건 말이지요."
상대방	"네."
나	"여성이나 고령자, 외국인 등 다양한 사람을 의미합니다."
상대방	"아, 그렇군요."
나	"다양한 사람을 기업에 불러들이는 것을, ……(뜸)…… 다이버시티 매니지먼트라고 합니다."
상대방	"아하."
나	"그러면 말이지요."
상대방	"네."
나	"고용이 증가하고, 그와 동시에"

상대방	"네."
나	"경기도 상승합니다."
상대방	"왜 그런가요?"
나	"일자리가 늘어나니까요."
상대방	"다양한 사람이 일하면 왜 일자리가 늘어나나요?"
나	"아아, 그렇군요. 이 부분이 뜬금없이 들릴 수 있겠네요."
상대방	"그런 것 같아요."
나	"가령 주부가 일을 시작해 직장에 다니면 말이지요."
상대방	"네."
나	"여기에서 또다시 새로운 수요가 생겨나잖아요?"
상대방	"어째서죠?"
나	"그러니까, 주부가 집에서 맡고 있었던 부분이 있잖아요."
상대방	"네."
나	"그 부분을 다른 기업이 새로운 서비스로 보충하게 되는 것이죠."
상대방	"아하, 그렇군요! 이해했어요! 돌봄이라든가 육아라든가 청소, 요리 같은 것이군요?"
나	"네, 그겁니다."
상대방	"아하, 그렇게 해서 일자리가 늘어나는구나."
나	"일석이조의 효과도 기대할 수 있는 것입니다."
상대방	"이제 이해했어요."

이런 식으로 대화가 진행된다.

늘 혼자서 끙끙 고민하며 설명해 온 사람은 이 방법을 도입해 보자. 세 마디로 끊고 뜸을 들이면서 전하면 상대도 협력해 준다. 상대도 함께 생각함으로써 내용을 좀 더 깊게 이해할 수 있게 된다.

앞서 "상대가 눈치껏 이해해 주는 것에 의존해서는 안 된다."라고 말했는데, 이것은 상대의 노력에만 전적으로 의존해서는 안 된다는 의미다. 반면에 지금 소개한 방법은 함께 힘을 합쳐서 어려운 내용을 이해한다는 것이다. 둘은 크게 다름을 이해하길 바란다.

단 세 마디로 웃음을 이끌어내는 법

"유머 센스가 뛰어난 사람이 되고 싶습니다."
나의 교실에 처음 온 사람에게 이야기를 듣거나 문의를 받을 때 정말 자주 듣는 희망 사항이다.
말솜씨가 없는 사람에게 유머 센스는 동경의 대상일 것이다. 유머 센스가 뛰어난 사람은 단번에 그 자리의 분위기를 밝게 만들고 사람들의 주목을 받으므로 그렇게 생각하는 것도 당연한 일이다.
사실 웃음이야말로 세 마디, 가능하면 한 마디로 이끌어내는 것이다. 웃음을 만들어내는 것은 머릿속의 영상이다. 먼저 하나의 영상을 먼저 떠올리게 한 다음, 예상을 배신하며 의외의 방향으로 향한다. 이 영상의 불균형이 웃음을 만들어낸다. 이를테면 이런 식이다.

"친구가 이사를 갔거든?" …… "응."
"40층짜리 초고층 아파트더라고." …… "와, 굉장한데?"
"그래서 몇 층에 사냐고 물어봤는데." …… "응."
"2층이라고 하더라." …… "풋, 그러면 의미가 없잖아."

초고층 아파트라는 말을 들으면 누구나 고층에서 내려다보이는 멋진 풍경을 떠올릴 터이다. 그 무엇도 시야를 방해하지 않아 저 멀리 바다나 강, 산까지 보인다. 그런 멋진 이미지를 떠올리게 해 놓고는

'2층'이라는 영상으로 그 이미지를 부순다. 눈앞에 갑자기 옆 건물이 나타나 시야를 가로막는다. 동경에서 평범함으로 영상이 급전개되기에 웃음이 터져 나온다.

바로 이것이 짧은 말로 영상을 하나씩 떠올리게 하는 효과다. 만약 이 이야기를 내용만 기억한 다음 한 호흡에 전하면 어떻게 될까?

"친구가 초고층 아파트의 2층으로 이사했어."

이래서는 영상이 하나만 떠오르고 끝난다. 듣는 이가 영상을 천천히 떠올릴 틈도 없이 이야기가 끝나며, '동경에서 평범함으로'라는 전환도 일어나지 않는다. 따라서 웃음도 터져 나오지 않을 것이다.

세 마디로 끊고, 뜸을 들인다. 이 화술을 가장 잘 활용하는 사람들이 텔레비전에서 진행을 담당하는 일류 연예인들이다. 그들은 시간 관계상 말이 빠르지만, 재미있는 이야기를 할 때만큼은 말하는 속도가 달라진다. 앞뒤에 뜸을 들이고, 그 사이에 웃음을 유도하는 말 한마디를 슬쩍 집어넣는다. 부디 예능 방송을 볼 때 이 관점에서 유심히 관찰해 보길 바란다. 재미있을 뿐만 아니라 메시지를 전하는 기술을 익히는 데 참고가 될 것이다.

아나운서처럼 말해서는 일류 영업 사원이 될 수 없지만, 연예인처럼 말하면 무엇이든 팔 수 있다. 여러분도 상대의 웃음을 이끌어내는 것을 목표로 먼저 세 마디로 끊고 말과 말 사이에 뜸을 들인다는 기본적인 전달법을 마스터하길 바란다. 그래서 기초적인 힘을 키운 뒤에 상대의 웃음을 이끌어내는 데 도전하면 좀 더 능숙해질 것이다.

COLUMN 3

공식 1.

'결론-이유-예시', 이 순서만 지켜도 달라진다

● 지금까지 결론은 세 마디로 압축해서 자신이 하고 싶은 말을 명확히 전하는 기술에 관해 이야기했다. 이 장에서는 결론 이후의 이야기를 진행하는 방법, 그리고 이야기를 알기 쉽게 전하는 기술을 전수하겠다.

이야기는 '결론', '이유', '구체적인 예'로 구성되어 있음을 인식한다

"무슨 말을 하고 싶은 거야?", "좀 더 알기 쉽게 말해 줬으면 좋겠어."라는 말을 들을 때가 종종 있다는 사람을 보면 이야기의 문맥이 엉망인 경우가 많다는 느낌을 받는다. 그래서 이야기를 구성하는 요소를 이해하도록 다음과 같은 예를 준비했다. 먼저 깔끔하고 알기 쉬운 예다.

> "영업을 할 때 중요한 점은 고객이 말하도록 유도하는 것입니다. 고객은 자신에게 관심을 보이고 공감해 주는 사람에게 마음을 열기 때문이지요. 먼저 계절 같은 화제로 말을 걸고, 고객이 이야기를 시작하면 그 다음에는 열심히 호응하거나 질문을 해서 이야기를 이끌어냅니다."

이 이야기에서는 "*영업에서 중요한 점은 …… 고객이 말하도록 유도하는 것입니다."가 결론.
"고객은 자신에게 관심을 보이고 …… 공감해 주는 사람에게 마음을 열기 때문이지요."가 이유.
"먼저 계절 같은 화제로 말을 걸고 …… 고객이 이야기를 시작하면 …… 그 다음에는 열심히 호응하거나 …… 질문을 해서 …… 이야기를 이끌어냅니다."가 구체적인 예다.

[결론 → 이유 → 구체적인 예]

위의 흐름이 명확히 형성되어 있기에 듣는 이는 내용을 쉽게 이해할 수 있을 것이다.

또한 내용에 따라서는 '이유'가 없는 경우도 있다.

"상사가 마음에 들지 않을수록 커뮤니케이션을 해야 합니다. 아침에는 인사, 일할 때는 상담과 보고, 잠시 쉴 때는 잡담 등 커뮤니케이션에 신경을 쓰면 마음에 들지 않는 사람과도 거리를 좁힐 수 있습니다."

이 사례처럼 이유를 말하지 않아도 내용을 알 수 있을 때는 결론과 구체적인 예만으로도 내용이 성립한다.

★ 세 마디 이하의 말로 나누고, '……'의 부분에서 뜸을 들인다.
 이후도 똑같이 표현한다.

공식 2.

접속사만 잘 써도
90%는 해결된다

● 결론, 이유, 구체적인 예의 흐름을 만들 수 있게 되었다면 다음에는 좀 더 알기 쉬운 이야기가 되도록 접속사를 활용해 보길 바란다. 이유를 전하기 전에 "왜냐하면"이라고 말한다. 또 구체적인 예를 전하기 전에는 "예를 들면"이라고 말한다.

앞의 예에 접속사를 추가해 보자.

"*영업에서 중요한 점은 …… 고객이 말하도록 유도하는 것입니다."

"왜냐하면, 고객은 자신에게 관심을 보이고 …… 공감해 주는 사람에게 마음을 열기 때문이지요."

"예를 들면, 먼저 계절 같은 화제로 말을 걸고 …… 고객이 이야기를 시작하면 …… 그 다음에는 열심히 호응하거나 …… 질문을 해서 …… 이야기를 이끌어냅니다."

이처럼 각각의 접속사를 사용하면 듣는 이는 그 후에 어떤 말이 연결될지 쉽게 예상할 수 있으므로 내용을 원활히 이해할 수 있다.

접속사를 적절히 활용하기 위해서는 이야기의 흐름을 의식해야 하며, 자신이 그 후에 어떤 내용을 전할지 알고 있어야 한다. '결론', '이유', '구체적인 예'라는 흐름을 명확히 만들어 내며 이야기할 수 있으면 자연스레 접속사도 구사할 수 있게 될 것이다.

★ '……' 부분에서 뜸을 들이며 말한다고 상상하길 바란다.

"그 이유는", "구체적으로는" 같은 표현은 딱딱한 이미지를 주게 된다

"왜냐하면" 대신에 "그 이유는", "예를 들면" 대신에 "구체적으로는"이라는 표현을 사용하는 사람도 있다. 그러나 이런 말에는 딱딱한 이미지가 따라온다. 회의처럼 격식을 차려야 하는 장소에서는 사용해도 괜찮지만, 구두로 전할 때는 "왜냐하면", "예를 들면"이라고 표현할 수 있도록 습관을 들이길 바란다.

공식 3.
말이 꼬이는 사람들이
모르는 치명적 실수 하나

● 이해하기 쉽게 말하지 못하는 사람을 보면 머릿속에 떠오르는 대로 이야기하는 경향이 강하다고 느낀다. 그렇게 되면 '결론', '이유', '구체적인 예'라는 3요소가 뒤섞여서 이야기가 혼란스러워진다.

다음의 예를 보자.

"고객은 자신에게 관심을 보이고 공감해 주는 사람에게 마음을 열기 때문에 먼저 계절 같은 화제로 말을 걸어서 고객이 말을 하도록 유도하는 것이 영업에서는 중요하며, 호응하거나 질문을 해서 이야기를 이끌어냅니다."

이것은 앞서 나온 예와 똑같은 이야기이지만, 무슨 말인지 내용을 이해하기가 상당히 어렵다. 그 이유는 다음의 세 가지다.

① 결론을 정하지 않고 이야기를 시작했다.
② '결론', '이유', '구체적인 예'가 뒤섞여 있다.
③ 세 마디로 끊고 뜸을 들이는 전달법을 사용하지 않았다.

그러면 하나하나 설명하겠다.

① 결론을 정하지 않고 이야기를 시작했다
중요한 메시지를 전할 때는 그전에 아주 잠시 입을 다물 필요가 있다. 자신이 전해야 할 가장 중요한 말을 골라서 세 마디로 집약한다. 그 세 마디가 결정되었다면 그것부터 말하기 시작한다. 이렇게 하면 그 말은 효과적으로 상대에게 전해질 것이다.

② '결론', '이유', '구체적인 예'가 뒤섞여 있다
이해하기 어려운 예의 경우, 말하는 이는 먼저 "고객은 자신에게 관심을 보이고 공감해 주는 사람에게 마음을 열기 때문에"라는 '이유'부터 말하기 시작했다.

다음에 나오는 "먼저 계절 같은 화제로 말을 걸어서"는 '구체적인 예'다.

"고객이 말을 하도록 유도하는 것이 영업에서는 중요"는 '결론'이다.

"호응하거나 질문을 해서 이야기를 이끌어냅니다."는 '구체적인 예'다.

이처럼 '결론', '이유', '구체적인 예'를 뒤섞어서 전하면 상대는 이해하는 데 상당한 노력을 들여야 한다. 그야말로 "대체 무슨 말을 하고 싶은 거요?"라고 물어보고 싶어지는 전달법이다.

평소부터 '결론', '이유', '구체적인 예'라는 3요소를 의식하면서 이야기하는 습관을 들이자.

③ 세 마디로 끊고 뜸을 들이는 전달법을 사용하지 않았다

내용이 뒤섞여 있을 뿐만 아니라 이야기에 단락이 없이 장황하게 이어진다. 이 때문에 듣는 이는 그 내용을 영상으로 만들어서 떠올리는 데 큰 어려움을 겪는다.

세 마디로 끊고 뜸을 들이는 전달법을 철저히 실천하면 듣는 이는 내용을 쉽게 이해할 수 있을 것이다.

연습 문제

다음의 이해하기 어려운 이야기를 당신의 힘으로 이해하기 쉽게 고쳐 보자. '결론', '이유', '구체적인 예'를 의식하는 연습이다.
그러면 '결론'→'이유'→'구체적인 예'의 순서로 나열해 보자. 이때 접속사를 적절히 활용하는 것도 의식한다.

"젊은 사람들은 유선 전화에 익숙하지 않은 까닭에 전화를 건 사람이 '어떤 사람이고', '어떤 목적으로 걸었으며', '어떻게 대답해야 하는가?'를 상상하지 못합니다. 지금까지 갑자기 모르는 사람과 말만을 사용해서 커뮤니케이션을 한 경험이 적은 것입니다. 그러므로 전화를 건 사람이 어떤 상황에 있는지 상상하는 연습을 꾸준히 시키는 것이 전화 응대법을 가르치는 비결이 됩니다."

(해답의 예는 이 장의 마지막에 있다)

EXERCISE

공식 4.
막막할 때 쓰는 '역산 테크닉'의 놀라운 효과

●   '설명할 때는 결론부터 말하라고 하지만, 그 결론을 찾아내기가 어렵단 말이지.'

이렇게 느끼는 사람도 많지 않을까 싶다. 그래서 결론을 쉽게 찾아내는 방법을 소개하겠다.

그 방법은 구체적인 예에서 결론을 역산하는 것이다.

다음의 예를 사용해서 설명하겠다. 먼저 이하의 문장을 소리 내어 읽어 보길 바란다(의도적으로 이해하기 어렵게 썼다).

"영업에서는 단골 매출을 많이 만들어내는 것이 중요하기 때문에 거래처 근처에 갈 일이 있을 때 잠시 얼굴을 내미는 등 방문 횟수를 늘립니다. 고객은 얼굴을 마주하는 횟수가 많을수록 영업 담당자에게 친밀감을 느끼므로 효과가 있지요. 또 작은 클레임이라도 전화로 끝내지 말고 직접 찾아가고, 거래처의 상품 등이 뉴스에 나왔다면 그 이야기를 들으러 가거나 하면 자연스럽게 주문이 늘어날 것입니다."

어떤가? 이 이야기의 결론, 그리고 구체적인 예가 무엇인지 알겠는가?

그러면 이 이야기 속에 어떤 구체적인 예가 있는지 유심히 살펴보자. 이 이야기에서는 "거래처 근처에 갈 일이 있을 때는 잠시 얼굴을 내민다.", "작은 클레임이라도 전화로 끝내지 말고 직접 찾아간다.", "거래처의 상품 등이 뉴스에 나왔다면 그 이야기를 들으러 간다." 등의 행동이 제시되었다.

그 공통점을 찾아보면,

'거래처를 방문한다.'

위와 같은 키워드에 도달할 것이다.

구체적인 예는 반드시 결론을 가리킨다고 생각하길 바란다.

그렇다면 이 이야기의 결론은 아래와 같이 추측할 수 있다.

> **"단골 매출을 만들어내는 비결은
> 방문 횟수를 늘리는 것입니다."**

그리고 이 결론을 바탕으로 내용을 정리하면 이렇게 된다.

"*단골 매출을 만들어내는 비결……그것은 방문 횟수를 늘리는 것입니다." ➡ *여기까지가 결론*

"왜냐하면 …… 고객은 얼굴을 마주하는 횟수가 많을수록 …… 영업 담당자에게 친밀감을 느끼기 때문입니다." ➡ *이유*

"예를 들면 …… 거래처 근처에 갈 일이 있을 때 잠시 얼굴을 내밉니다." ➡ *구체적인 예*

"작은 클레임이라도 전화로 끝내지 말고 직접 찾아갑니다."
➡ *구체적인 예*

"거래처의 상품 등이 뉴스에 나왔다면 …… 그 이야기를 들으러 갑니다." ➡ *구체적인 예*

"그러면 자연스럽게 주문이 늘어날 것입니다."

어떤가? 이야기의 결론이 잘 보이지 않을 때는 구체적인 예를 든 부분을 찾아낸 다음 그 행동이 무엇을 가리키는지 살펴보자. 반드시 그곳에 결론이 숨어 있다.

내용이 잘 이해가 안 된다면 종이나 컴퓨터의 메모장 등에 전문을 적은 다음 읽어 보는 것도 좋은 방법이다.

★ '……' **부분에서 뜸을 들이며 말한다고 상상하길 바란다.**

공식 5.
복잡한 상황일수록
위력을 발휘하는 정리의 기술

●   앞의 사례는 구체적인 예가 하나의 범주로 한정되어 있었기에 정리하기가 쉬웠다. 그러나 이야기를 정리하지 못하는 사람은 이야기가 여러 방향으로 튀어서 복잡해지는 경향이 있다.

그 예로, 어느 부동산 회사의 영업 부장이 회의에서 한 이야기를 소개하겠다.

"이번 기의 매출액은 전년도의 85퍼센트밖에 안 되네. 자네들은 매출을 높이기 위한 대책을 세우고 있는 건가? 내가 영업 사원들에게 바라는 것은 방문 약속의 수를 늘리는 걸세. 방문 수를 늘리면 매출도 자연스럽게 상승하지. 자네들은 부동산에 관한 지식을 늘리려는 노력을 하고 있나? 건축, 관공서 관련, 도로법 등 알아야 할 지식이 굉장히 많다네. 지식이 많을수록 고객의 신뢰도 높아지지. 그리고 소개를 늘리려는 궁리도 좀 더 필요해. 세금에 관한 지식 등이 있으면 고객이 좋아할 걸세."

영업 부장이 영업 사원들에게 바라는 구체적인 행동을 정리해 보자.

그것은 '방문 약속의 수를 늘리는 것', '방문 수를 늘리는 것'.

그리고 '건축, 관공서 관련, 도로법에 관한 지식을 늘리는 것'.

'소개 횟수를 늘리는 것'.

'세금에 관한 지식을 늘리는 것'으로 보인다.

이 구체적인 예를 조금 멀리 떨어진 곳에서 바라보면 무슨 말을 하고 싶은지도 보이게 된다. 아마도 영업 부장이 영업 사원들에게 바라는 행동은 두 가지 범주로 나눌 수 있을 것이다.

첫째는 접객 횟수를 늘리는 것이다. 구체적으로는 '방문 약속 수를 늘린다.', '방문 횟수를 늘린다.', '소개 횟수를 늘린다.'인 듯하다.

둘째는 부동산에 관한 지식을 늘리는 것이다. 구체적으로는 '건축, 관공서 관련, 도로법에 관한 지식'이며, 여기에 '세

금에 관한 지식'을 포함시켜도 될 것 같다.

그렇다면 영업 부장의 이야기는 이렇게 정리할 수 있을 것이다.

"이번 기의 매출액은 전년도의 86퍼센트밖에 안 되네."
"자네들은 매출을 높이기 위한 대책을 세우고 있는 건가?"
"내가 영업 사원들에게 바라는 것은 두 가지일세."
"첫째는 접객 횟수를 늘리는 것이네."
"예를 들면, 방문 약속의 수를 늘리는 것."
"그리고 방문 횟수를 늘리는 것."
"소개 횟수를 늘릴 방법을 궁리하는 것."
"그러면 자연스럽게 매출도 상승할 것일세."
"둘째는 부동산에 관한 지식을 늘리는 것이네."
"예를 들면 건축, 관공서 관련, 도로법에 관한 지식, 그리고 세금에 관한 지식이네."
"지식이 많을수록 고객의 신뢰도 높아지고 소개도 늘어날 것일세."

어떤가? 이야기가 뒤엉켜서 잘 이해가 안 된다면 구체적인 예를 하나하나 나열하고 그것을 범주별로 나눠서 생각해 보자. 이야기의 큰 줄기가 보이게 될 것이다.

공식 6.

중요할수록
하나만 말하라

● 무슨 이야기를 하는 것인지 잘 이해가 안 된다는 말을 듣는 사람은 두 가지 이상의 이야기를 한 번에 전하려 하는 경향이 있다. 그러면 듣는 이는 복수의 내용을 한 번에 이해해야 하기 때문에 상당한 스트레스를 받기 마련이다.

예를 들면 이런 식이다.

"생산성을 높이는 방법은 이익을 내고 있는 업무에 시간과 노력을 집중하는 것이야. 이익률이 낮은 업무에 시간과 노력을 들이는 사원이 많으면 회사의 생산성은 하락하는데, 회사에서는 전체의 20퍼센트가 회사를 이끌고 60퍼센트가 그럭저럭 일하며 20퍼센트가 나머지의 발목을 잡아끌기 마련이지. 그런데 재미있는 사실은 회사를 이끄는 사람만을 모아서 조직을 만들어도 또 그중에서 20퍼센트는 나머지의 발목을 잡아끌기 시작한다는 것이야."

이 이야기에는 '생산성을 높이는 방법'에 관한 내용과 '2:6:2의 법칙'에 관한 내용이 뒤섞여 있다. 이런 식으로 이야기를 하면 결과적으로 두 내용 모두 듣는 이의 기억에 남지 않을 가능성이 커진다. 아무리 좋은 이야기를 한들 듣는 이에게 전해지지 않는다면 아무런 의미도 없다. 이래서는 단순히 자기지식 과시욕을 충족하는 것이 목적이 되어 버리기 때문에 아무리 좋은 이야기를 한들 사람들의 존경을 받지 못한다.

듣는 이의 기억에 남도록 이야기하고 싶다면 반드시 전하려 하는 내용을 한 가지로 한정할 것을 의식해야 한다. 아울러 '결론부터', '이야기할 때는 세 마디로 끊고 뜸을 들이면서' 전한다면 듣는 이는 그 말을 반드시 기억하며 행동에 영향을 끼칠 가능성이 커진다. 그러면 같은 이야기를 '생산성을 높이는 방법'에 초점을 맞춰서 고쳐 보자.

"생산성을 높이려면"
"이익을 내고 있는 업무에 시간과 노력을 집중해야 해."

"이익률이 낮은 업무에"

"시간과 노력을 들이는 사원이 많으면"

"회사의 생산성이 하락하지."

　이렇게 전하고자 하는 정보를 한 가지 이야기했으면 듣는 이의 얼굴을 똑바로 바라보고, 상대가 무슨 말을 할 것 같다면 기다려 본다. 만약 아무 말도 하지 않고 자신의 이야기를 기다리는 것 같다면 다음 이야기로 넘어간다.

　이렇게 하면 상대도 말을 꺼내기가 편하므로 이야기에 참여하게 되는 효과가 있다. 그리고 이야기에 참여할 수 있도록 배려해 주는 당신에게 그곳에 있는 모두가 좋은 인상을 품을 것이다.

조례, 지도, 연수에서도 한 가지만을 전한다

전하는 정보가 많을수록 듣는 이에게는 얕고 적게 전해진다. 전하는 이는 최대한 많은 정보를 전하고 싶겠지만, 꾹 참길 바란다.

　조례 시간에도, 부하 직원을 지도할 때도 반드시 한 번에 한 가지로 한정해야 한다. 그날 철저히 해야 할 중요한 사항 한 가지로 한정해서 전해야 좋은 리더라고 말할 수 있다.

　한 시간이 넘게 진행되는 연수의 경우는 전하는 정보를 한 가지로 한정하기가 어려울지도 모른다. 그러나 주제는 한 가지로 한정해야 한다. '영업을 통해 단골 고객을 만든다.'라는 주제 이후에 '보고서 작성법' 같은 완전히 다른 내용을 전하면 참가자는 집중력이 떨어져 아무 것도 기억에 남지 않을 것이다.

공식 7.

"아, 그게 아니라…"를 없애는 단 한 가지 방법

● 　　질문과 대답이 엇나가는 일은 종종 있다. 내 아내 같은 경우는 질문에 제대로 대답해 주는 일이 거의 없다. 한번은 친구와 놀러 간다고 하기에 "몇 시쯤 출발해?"라고 물어봤더니 "오늘은 ○○이 차로 데리러 올 거야."라고 동문서답을 하는 것이었다. 본래는 "오늘은 ○○이 차로 데리러 올 건데, 근처에 오면 연락한다고 했어. 그러니까 정확한 시간은 나도 몰라."라는 말을 하고 싶었던 모양인데, 의식이 이유 부분에서 멈춰 버리는 바람에 대답 부분이 머릿속에서 지워

진 듯하다. 사생활에서야 그럴 수도 있지만, 비즈니스의 세계에서 이런 식의 대답은 치명적이다. 상대를 어이없게 만들 것이며, 그 결과 이후의 업무에 지장을 초래할 수도 있다.

어떤 분에게 이런 이야기를 들은 적이 있다. 결혼을 계획 중이었던 그분은 인기 이탈리아 요리점에서 피로연을 열고 싶어 상담을 위해 그 가게를 찾아갔다. 그리고 오너 겸 셰프에게 설명을 듣다가 문득 '파스타와 스파게티는 어떻게 다른 걸까?'라는 궁금증이 떠올라 셰프에게 물어봤는데, 다음과 같은 대답이 돌아왔다고 한다.

"파스타에는 스파게티, 펜네, 마카로니, 뇨키, 라자냐 등이 있는데, 본고장인 이탈리아에는 300종류가 넘는 파스타가 있습니다. 일본인은 파스타라고 하면 나폴리탄이나 미트 소스 파스타밖에 모르지만요."

그분은 이야기 속에 질문의 대답이 없는 것을 이상하게 생각하면서도 일단 피로연에 관한 이야기를 계속 진행하다 이런 질문을 했다.

"요리나 인원수의 변경 등은 며칠 전까지 가능한가요?"

그랬더니 셰프는 얼굴을 찡그리면서 이렇게 말했다고 한다.

"저희 가게의 치즈는 파리에서 직접 공수해 온 겁니다."

그분은 잠시 아무 말도 못하다 간신히 목소리를 쥐어짜내 "그렇군요."라고 말했다. 그 뒤로는 셰프의 설명이 머릿속에 들어오지 않아서 대충 이야기를 끝내고 돌아갔다. 결국 피로

연은 다른 프랑스 요리점에서 열었다고 한다.

피로연의 예산은 200만 엔이었다고 하는데, 이탈리아 요리점의 셰프는 자신이 엉뚱한 대답을 하는 바람에 큰 매출을 올릴 기회를 놓쳤음을 끝까지 알지 못했던 듯하다.

질문에 올바르게 대답하는 방법

상대의 질문에 대답했는데 상대의 표정이 어딘가 이상함을 깨달았다면 자신이 엉뚱한 대답을 했다는 의미로 받아들여야 한다.

이런 사태를 방지하는 방법은 한 가지다. 질문을 받으면 먼저 그 질문에 대한 대답을 머릿속에 떠올리고 그 대답부터 말하는 것이다. 질문에 대한 답이 아니라 이유부터 말하기 시작하면 앞에서 예로 든 셰프처럼 자기과시욕의 포로가 된 자아가 엉뚱한 이야기를 시작하는 경우가 있다. 또한 의식이 한 단계 앞으로 나아가는 바람에 정작 핵심인 대답을 잊어버리고 말하지 않는 경우도 있을 것이다.

그러나 대답부터 말하기 시작하면 질문에는 틀림없이 대답할 수 있다. 가령 "요리나 인원수의 변경 등은 며칠 전까지 가능한가요?"라는 질문의 경우, "사흘 전까지라면 가능합니다."라고 결론부터 대답하면 되는 것이었다.

면접을 볼 때의 철칙은 대답부터 말하기 시작하는 것

자신의 일생을 좌우하는 취업 활동의 면접에서는 질문을 받았으면 반드시 대답부터 말하기 시작할 것을 권한다.

"저희 회사를 지망한 이유는 무엇인가요?"라는 질문을 받았다면 "어릴 적부터 귀사의 훌륭한 제품을 사용하면서 귀사에 입사하고 싶다고 생각해 왔습니다."와 같이 대답부터 시작하자. 반대로 "저희 아버지는 전근을 많이 하셨는데, 이사한 곳이 우연히 귀사의 공장 근처였습니다. 그 공장을 견학할 때 본 귀사의 제품이……."와 같이 대답할 때 결론을 뒤로 미루면 면접관에게 나쁜 인상을 준다.

면접에서는 이야기의 내용도 그렇지만 이야기를 어떻게 전하느냐가 평가의 기준이 될 때가 많음을 기억하길 바란다.

당신의 이야기는
왜 길어질까?

●

이야기가 길다. 이것은 주위의 모든 사람에게 스트레스를 주는 행위다. 상사가 이 유형이면 생산성이 하락할 뿐만 아니라 부하 직원의 의욕까지 떨어트린다. 배우자가 이런 유형이라면 상대는 진저리를 치고 멀어질 것이다.

이는 어떤 와인 바에서 있었던 일이다. 내 옆에 한 그룹이 앉아 있었는데, 이 이야기의 주인공은 아마도 회사의 사장인 듯, 관리직으로 생각되는 중년의 부하 세 명에게 이런 이야기를 했다.

"○○이라는 가수 알지? 나는 그 친구가 프로 가수가 되기 전부터 알고 있었어. 과묵하고 수수한 사내였지. 옛날부터 노래를 잘해서 여자들한테 인기가 많았어. 외국 여배우 중에도 대시한 사람이 있었지. 그 친구의 어떤 점이 그렇게 여자들을 홀렸는지 생각해 봤는데, 잘 모르겠더라고. 키도 작은데 말이야. 파리라든가 카르티에 같은 말이 그렇게 잘 어울리는 가수도 없었지. 내가 젊었을 때는 그런 말들이 유럽이라든가 개인주의 같은 어감으로 사용되었어. 나는 젊었을 때 학생 운동을 했었거든? 그러면 뭔가가 달라질 것이라고 생각했었지. 멍청했다니까. 고마고메에 싸구려 연립주택이 있는

COLUMN 4

데, 거기서 10년이나 살았어."

줄여서 썼기 때문에 짧게 느끼는 사람도 있겠지만, 실제로는 이보다 몇 배는 더 많이 말했다. 부하로 보이는 사람들은 고개를 숙인 채 그저 조용히 고개를 끄덕일 뿐이었다.
이야기가 긴 사람의 특징은 하나의 이야기를 매듭짓기 전에 다음 이야기를 진행해 버린다는 것이다. 이야기를 하다가 무엇인가가 연상되면 그 이야기를 또 장황하게 늘어놓기 때문에 이야기가 계속 이어진다.
이것은 듣는 사람에게 고문이나 다름없다.
만약 '나는 이야기가 너무 길어. 고치고 싶어.'라고 생각한다면 이렇게 해 보길 바란다.

① 말하기 전에 도착점(결말)을 정하고, 그곳을 목표로 이야기한다

'이것을 전하자.'라고 정한 다음 이야기하자.
"○○이라는 가수 알지? 나는 그 친구가 프로 가수가 되기 전부터 알았는데, 여자들한테 인기가 많았어. 외국 여배우까지도 그 친구를 좋아했지. 나는 일본인한테도 인기가 없었는데 말이야."
이런 식으로 이야기를 일단 마무리했다면 부하들도 이야기를 재미있게 들었을 것이다.

② 한 가지 이야기가 끝났으면 잠시 입을 다문다.
상대에게 말할 기회를 양보한다

자신의 이야기를 할 때는 기분이 좋기 마련이다. 그래서 혼자서만 계속 이야기하느라 다른 사람이 이야기할 기회를 빼앗는 경우가 있다.

결말을 목표로 이야기하고, 하나의 이야기가 끝났다면 다른 사람에게 말할 기회를 양보한다는 각오가 필요하다.

③ 상대의 끄덕임이 작아지고 얼굴에서 표정이 사라졌다면
아직 말하는 도중이더라도 이야기를 일단 마무리한다

이야기를 할 때는 상대를 잘 살펴보자. 호응이 작아지거나 얼굴에서 표정이 사라지고 의자에 등을 기댔다면 당신의 이야기가 따분하다는 신호다. 그럴 때는 도중에 이야기를 마무리하자. 아무도 불평하지 않는다.

특히 나이를 먹으면 이야기가 길어지는 경향이 있다. 주위 사람들에게 피해를 주지 않기 위해서도 이 세 가지 포인트를 지키길 바란다. 그러면 당신도 마음이 편해질 것이다.

COLUMN 4

137페이지 연습 문제의 해답(예)

젊은 사람들에게 전화 응대법을 가르치는 비결.
그것은 전화를 건 사람이 어떤 상황에 있는지 상상하는 연습을 꾸준히 시키는 것입니다.
왜냐하면, 젊은 사람들은 유선 전화에 익숙하지 않습니다. 그래서 갑자기 모르는 사람과 말만을 사용해서 커뮤니케이션을 한 경험이 적지요.
예를 들면 전화를 건 사람이 '어떤 사람이고', '어떤 목적으로 걸었으며', '어떻게 대답해야 하는가?'를 상상하고 대응하는 연습을 시키십시오.

SOLUTION

매출과 연봉이 급상승,
'결론부터', '세 마디' 전달법

● 　　내가 가장 보람을 느끼는 일. 그것은 상대의 세일즈 화법이나 표현 방법을 재검토해 그 사람의 매출이나 수입을 증가시키는 것이다.

"노구치 씨, 가르쳐 주신 대로 결론부터 말하고 세 마디로 끊으면서 이야기했더니 계약을 따낼 수 있게 되었습니다! 계약 건수가 작년의 3배 이상으로 늘어났어요!"

이런 말을 들을 때마다 나는 가슴이 두근거린다. 숫자가 뒷받침해 주는 말은 사실적인 평가이기 때문이다.

지금까지 보험 영업, 치과 병원, 부동산업 등 다양한 직업 종사자의 세일즈 화법을 듣고 개선을 위한 조언을 해 왔다. 그 비결은 첫 몇 초 안에 상대의 마음을 파고드는 말을 세 마디로 전하는 것이다. '끝까지 들으면 이해하실 수 있을 겁니다.'라는 느긋한 전달법은 상대의 관심을 식게 만든다.

이 조언을 진지하게 실천해 준 사람은 조언을 해 준 나의 예상을 훨씬 웃도는 매출 또는 수입을 올려 나를 놀라게 했다. 치과 병원의 원장은 1억 5,000만 엔이나 매출을 높였고, 부동산 회사의 영업 사원은 연간 1,500만 엔이었던 매출을 무려 20억 엔으로 급상승시켰다.

비결이라고 말하기는 했지만 어려운 것은 아니다. 그저 '결론부터', '세 마디로' 전하는 방법으로 바꿨을 뿐이다. 그러나 이것만으로도 고객이 얻을 수 있는 이익을 간결하면서도 강력하게 전해 고객의 마음을 움직일 수 있었던 것이다.

이것은 타인을 설득하는 기술이다. 그러므로 영업직뿐만 아니라 기술이나 기획을 담당하고 있어서 상층부나 고객을 설득해야 하는 사람, 사무직이더라도 부하나 상사를 움직일 필요가 있는 사람은 이 비결을 꼭 습득했으면 한다.

이 장에서는 내가 경험한, 매출이나 연수입을 크게 늘린 실제 사례를 소개할 것이다.

거래처가 "오!"라며
흥미를 보인다

● 제일 먼저 소개할 사례는 내가 가르쳐 준 것을 가장 단순하고 알기 쉬운 형태로 실천해 매출을 늘린 어느 가방 제조 회사 사장의 이야기다.

그 사장은 여행용 캐리어를 제조, 도매하는 회사를 운영했는데, 양판점을 상대로 한 프레젠테이션이 성과를 내지 못해 고전하고 있었다. 그의 회사가 만드는 여행용 캐리어는 가벼운 소재를 사용했고, 사용할 때 소음이 적으며, 바퀴를 항균 재료로 만들어서 청결함이 돋보이는 우수한 제품이었다. 그도 이 상품에 자신감이 있어서 회사를 세운 것이었지만, 양판점의 상품 매입 담당에게 제대로 홍보가 되지 않아 나를 찾아왔다.

그에게 프레젠테이션을 재현해 달라고 부탁해 들어 보니 다음과 같은 식이었다.

> "이 여행용 캐리어에는 폴리카보네이트 100퍼센트 배합 소재를 사용했습니다. 이 폴리카보네이트 소재는 매우 튼튼해서 진압용 방패의 소재로도 사용될 정도입니다. 바퀴는 항균재로 만들어져 청결하게 사용할 수 있습니다……."

훌륭한 상품을 개발한 사람이 그 상품의 훌륭함, 개발 비화를 전하고 싶어 하는 마음은 충분히 이해한다. 그러나 자신이 가장 전하고 싶어 하는 것과 상대가 알고 싶어 하는 것은 일치하지 않을 때가 많다. 게다가 상대는 다양한 업자에게서 끊임없이 영업을 받는 바쁜 처지이기 때문에 불과 몇 초 안에 상대의 마음을 사로잡는 인상적인 말이 필요하다.

그는 양판점 담당자의 마음을 몇 초 안에 사로잡을 필요가 있음을 깨닫고 프레젠테이션의 앞부분에서 상품의 특징을 짧고 구체적으로 전하기로 했다. 게다가 그 특징이 눈에 보이듯이 이해되는 표현으로. 그래서 다음과 같이 말하게 되었다.

"이 여행용 캐리어는 굉장히 가볍습니다." ➡ **두 마디**

"그리고 조용합니다." ➡ **한 마디**

"한밤중이나 새벽에 아파트 복도에서 끌고 가도" ➡ **네 마디**

"시끄럽지 않습니다." ➡ **한 마디**

"그리고 청결합니다." ➡ **한 마디**

"바퀴에 항균 재료를 사용했습니다." ➡ **세 마디**

"그래서 실내로 갖고 들어가도 괜찮습니다." ➡ **세 마디**

이렇게 눈에 보이는 이점을 나열하고, 상대가 "오!"라고 관심을 보이면 소재에 관한 설명이나 개발 비화를 전하는 스타일로 순서를 변경한 것이다.

그랬더니 양판소의 담당자에게서 "좋은데요? 일단 네 가지 색상 전부를 모든 점포(71점포)에 납품해 주십시오."라는 기대 이상의 대답을 들을 수 있었다.

아마도 양판점 담당자의 뇌리에는 '가볍다.', '조용하다.', '청결하다.'라는 세 가지 홍보 문구를 적은 팝업 카드가 떠오르지 않았을까 싶다. 그런 이미지가 떠올랐기에 '이건 잘 팔리겠는데?'라는 생각에서 매입해 보자는 마음이 되었을 것이다.

영업의 비결을 습득한 이 사장은 이어서 대형 여행사의 사장에게 프레젠테이션 할 기회를 얻었고, 그 기회도 멋지게 살려냈다.

매력적인 상품을 보유했으면서도 매출이 증가하지 않아 고민하는 사람이 있다면 자신이 알아 줬으면 하고 바라는 부분이 아니라 그 상품을 샀을 때 구매자가 얻을 수 있는 이익을 세 마디로 압축해서 호소해 보길 바란다.

그 여성은 왜 가게에서
와인을 사지 않았을까?

● 　이번에는 설명이 서투른 탓에 상품을 팔 기회를 놓친 사람의 이야기다.

한 여성이 크리스마스에 줄 선물을 찾아서 백화점의 와인 매장에 왔다. 그리고 와인 담당 판매원에게 "5,000엔 정도의 예산에 맞는 화이트 와인을 추천해 주세요."라고 전했다. 이에 판매원은 "딱 맞는 제품이 있습니다. 저를 따라오세요."라며 샤블리 와인 코너로 안내했다(샤블리는 프랑스 브루고뉴의 북부에 위치한 지역으로, 화이트 와인이 유명하다 - 옮긴이).

같은 샤블리라도 가격이 조금씩 달랐기에 그 여성은 "뭐가 다른가요?"라고 가볍게 물어봤다. 그러자 판매원은 "숙성 햇수와 포도를 수확한 밭에 따라서 다르답니다."라며 설명을 시작했다.

> "○○이라는 포도밭은 넓이가 ××헥타르로, 이 와인은 그 포도밭의 포도로 만든 것이에요."
> "△△라는 포도밭은 넓이가 □□헥타르로, 이 와인이 그 포도밭의 포도로 만든 것이랍니다."

 그리고 "저는 말이지요, 다 외울 수가 없어서 이렇게 메모한 종이를 갖고 다녀요."라며 메모지까지 보여줬다고 한다. 그 여성으로서는 아무래도 상관없는 이야기였기에 조금 피곤해졌지만 '그래도 뭐, 샤블리는 그 사람이 좋아하는 와인이니까 이걸로 사자.'라고 생각했는데, 갑자기 어떤 사실을 깨달았다.
 '잠깐, 그러고 보니 작년 크리스마스 선물로 준 것도 샤블리 와인 아니었던가?'
 그래서 그 여성은 "생각해 보니 작년에도 샤블리 와인을 선물했던 것 같네요. 그러니 가능하면 다른 와인으로 부탁합니다."라고 온화하게 전했다. 그랬더니 판매원은 "같은 와인이라도 숙성 햇수와 밭이 다르면 다른 제품이에요."라며 또다시 포도밭 설명을 하는 것이었다.

"○○이라는 포도밭은 넓이가 ××헥타르로, 이 와인은 그 포도밭의 포도로 만든……."

더는 집중해서 들을 힘이 없었던 그 여성은 포기하고 적당히 둘러댄 뒤 다른 백화점으로 향했다. 그리고 결국 그곳에 진열되어 있는 샤블리 와인을 사 왔다고 한다.

와인을 사러 온 사람들은 다양하다. 판매원과 전문적인 대화를 나누는 것에서 기쁨을 느끼는 사람도 있고, 선물을 고르는 즐거움을 맛보고 싶어 하는 사람도 있다. 그 성향을 파악하고 상대의 성향에 맞는 말을 세 마디로 전했다면 그 여성은 틀림없이 그 백화점의 판매원에게 화이트 와인을 샀을 것이다.

"와인을 선물할 분은 어떤 분인가요?"
"와인에 관해서 얼마나 잘 아는 분인가요?"
"어떤 식사를 할 때 와인을 많이 드시나요?"

이런 조사를 한 다음, 아래와 같이 제안할 수 있다.

"그렇다면 이 샤블리는 어떤가요?" ➡ **두 마디**
"샤블리 프리미에 크뤼입니다." ➡ **한 마디**
"입맛이 까다로운 분도 만족시킬 수 있는 제품이지요." ➡ **세 마디**

위와 같이 말했다면 틀림없이 그 여성도 "그걸로 주세요."라고 말했으리라.

와인을 팔려면 와인에 관한 지식이 필요하다고 생각하는 것은 지당하다. 그러나 상대가 원하지 않는 전문 지식은 오히려 판매를 방해하게 될 수도 있다.

판매도 영업도 상대가 원하는 세 마디를 준비할 수 있느냐 없느냐가 성패를 결정하는 것이다.

보험 영업 사원의 연수입이
세 배 이상으로 증가한 이유

● 외국계 생명보험 회사에서는 1년에 몇 명씩 영업 사원이 내 수업에 와서 강좌를 듣는다.

이 업계는 누군가가 세일즈 하는 방법을 친절하게 가르쳐 주는 세계가 아니다. 모든 영업 사원이 독자적으로 세일즈 기술을 개발해야 한다. 게다가 급여는 완전 성과급제라는, 오로지 자신의 실력에 의지해야 하는 가혹한 세계다.

그들에게 들은 바에 따르면, 한 매니저가 매출 부진으로 계약이 종료될 위기에 몰린 사원을 불러 이렇게 제안했다고 한다.

"최후의 도박이라고 생각하고 이 수업에 가 보지 않겠나?"

이 매니저는 나를 잘 알아서 그런 것이 아니라 우연히 내 홈페이지를 보고 영업 사원에게 추천한 모양이었다. 그리고 그 사원이 급성장하자 그 뒤로 계속 내 수업을 추천하고 있다는 것이다.

이번 이야기의 주인공인 그도 벼랑 끝에 몰린 사원이었다. 나는 그가 내 수업에 다닌 1개월 동안 그에게 '결론부터', '세 마디로' 전한다는 비결과 고객이 흥미를 느낄 말로 영업을 시작한다는 기본적인 방법을 전수했다. 그러나 1개월이 지난 뒤로는 그의 모습을 전혀 볼 수가 없었다. 그가 놓인 상황을 잘 알고 있었던 나는 크게 걱정했는데, 어느 날 4년 만에 내 수업을 찾아와서는 이렇게 말했다.

"그 뒤로 계약을 따낼 수 있게 되었습니다. 덕분에 지금은 연수입이 1,050만 엔으로 세 배가 되었습니다."

나는 깜짝 놀라서 "네? 세 배요?", "그렇게나?"라고 말했다. 물론 그가 그만큼 열심히 노력한 결과임은 말할 필요도 없다.

4년 전에 나를 처음 찾아온 그가 내게 들려줬던 세일즈토크는 다음과 같은 것이었다. 참고로, 달러 보험(달러로 보험료를 내고 보험금을 받는 보험 - 옮긴이)의 영업이다.

"달러는 세계에서 가장 신용도가 높은 통화입니다. 유럽이나 중

국, 심지어 지구 끝에 있는 나라에서도 사용할 수 있는 가치가 높은 통화이지요."

그는 이런 말로 달러가 얼마나 안전한 통화인지를 필사적으로 전했다. 그러나 이 이야기를 듣고 자신의 귀중한 예금을 달러 보험으로 전환하려 하는 고객은 한 명도 없었다고 한다. 당연하다면 당연한 결과다.

실적을 내지 못하는 영업 사원은 그와 마찬가지로 전하는 포인트가 핵심을 벗어난 경우가 많다.

설득의 절대 원칙은
상대의 마음에 와 닿는 말로 이야기를 시작하는 것

세일즈의 원칙은 동일하다. '먼저 결론부터', '상대가 매력을 느낄 말을', '세 마디로' 전하는 것이다.

상품 내용을 들어 보면 이 보험은 상당히 매력적인 상품이다. 타인을 설득하기 위해서는 처음부터 상대의 마음에 와 닿는 말로 이야기를 시작해야 한다.

그것을 세 마디로 전달한다면 다음과 같다.

"이자가 정기 예금의 180배!" ➡ *세 마디*
"1.8퍼센트입니다." ➡ *한 마디*
"여기에 환차익이라는 것까지 붙기도 합니다." ➡ *두 마디*

"그리고 입원하게 되면 보험금도 나옵니다." ➡ 세 마디

   이 말을 들으면 누구나 귀가 솔깃해질 터이다. 실제 금리는 1.8퍼센트로 그리 높지 않지만, 정기 예금의 180배라는 말이 강렬한 인상을 주는 것이다. 그리고 상대가 흥미를 보이면 이 상품의 자세한 설명을 시작한다. 물론 리스크도 포함해서.

   이처럼 전하는 순서를 바꿨을 뿐인데, 그의 연수입은 세 배로 불어났다. 내가 가장 놀랐던 성공 스토리다.

어느 상품이든
매력 한 가지 이상은 있다

● 사실은 이 생명 보험 영업 사원에게 전한 굉장히 중요한 점이 한 가지 더 있다. 상품의 매력을 상대에게 하나하나 정성껏 각인시키라는 것이다.

그도 처음에는 내가 가르친 방법을 그대로 외워서 다음과 같이 나열하기만 했다.

"이자는 정기 예금의 180배인 1.8퍼센트인데, 여기에 환차익이라는 것까지 붙기도 합니다. 그리고 입원하게 되면 보험금도 나옵니다."

이래서는 이 상품의 매력이 전혀 전해지지 않는다. 고객에게 그 매력을 세 마디로 하나하나 전해서 그것을 생생하게 상상하도록 만들어야 한다. 그러면 고객은 그 내용을 체험한 듯한 기분에 빠지며, 이때 비로소 '아, 좋은 상품이구나.'라고 실감해 '계약하자.', '사자.'라고 생각한다.

이것을 구체적으로 말하면 이렇게 된다.

영업 사원 "이 달러 보험의 이자는" ➡ *세 마디*

"정기 예금의" ➡ *한 마디*

"180배입니다." ➡ *한 마디*

고객 "네? 정말이에요?"

영업 사원 …… ➡ *충분히 뜸을 들여서 고객이 상상하게 한다.*

뜸을 들이면 고객은 정기 예금의 180배라는 이자를 상상한다. 그런 게 가능하냐며 마른침을 삼킨다.

영업 사원 "이자는 1.8퍼센트입니다." ➡ *두 마디*

…… ➡ *또 뜸을 들인다.*

고객 "오!"

은행의 이자가 0.01퍼센트인 시대에 1.8퍼센트나! 고객은 자신이 이익을 보는 이미지를 떠올린다.

영업 사원 "여기에 환차익이라는 것까지 붙기도 합니다." ➡ **두 마디**

…… ➡ **뜸을 들인다.**

고객 "환차익이요?"

들어본 적은 있지만, 무슨 의미인지는 알지 못한다. 그러나 왠지 매력적으로 들리는 말이다.

영업 사원 "그리고 입원하게 되면 보험금이 나옵니다." ➡ *세 마디*

…… ➡ **뜸을 들인다.**

고객 "너무 좋은 상품이라 오히려 의심스러운데요. 뭔가 말하지 않은 리스크가 있는 거 아니에요?"

틀림없이 함정이 있으리라고 생각하면서도 이익이 크다는 생각에 미련을 버리지 못한다.

영업 사원 "아닙니다. 리스크는 상당히 낮습니다. 환차익을 포함해서 설명 드리지요." ➡ *다섯 마디*

고객 "천천히 이야기해 주세요."

한 가지 매력을 전하고 뜸을 들인다. 그러면 고객은 그 의미를 상상하고 영상으로 만든다. 이 경우의 영상은 예금 통장에 기재되는 금액이라든가, 받은 이자로 사려고 생각하는 물건 등일 것이다. 영상이 만들어지면 그것은 경험이 되어서 고객에게 강한 인상을 남긴다. 그리고 이때 비로소 계약하자는 의욕이 높아진다.

타인에게 무엇인가를 전하려 할 때, 매력이 여러 가지라면 그것을 하나하나 정성껏 전해 보자. 그러면 상대는 반드시 당신의 설득에 응해 줄 것이다.

잘 되는 치과 병원에는
특별한 영업 기술이 있다

● 내가 10년 이상 연수에 관여하고 있는 치과 병원이 있다. 치과 병원은 현재 돈이 안 되는 업종으로, 치아 치료를 마친 환자를 관리 치료(치석 제거 등)로 유도할 수 있느냐에 경영의 안정이 걸려 있다.

나는 관리 치료의 중요성을 어떤 말로 환자에게 전해야 할지를 이 치과 병원의 직원들과 함께 연구해 왔다. 그리고 이 과정에서 매력적으로 느끼는 말은 사람마다 전혀 다르다는 사실을 배웠다.

가령 한 베테랑 위생사는 "치아 관리를 계속하면 평생 동안 자신의 치아로 음식을 씹을 수 있습니다."라는 말을 좋아해서 모든 환자에게 이렇게 말하며 관리 치료를 유도했다. 그런데 이 말에 마음이 움직인 환자는 50대 이상인 사람뿐이었고, 그보다 젊은 세대는 딱히 와 닿지 않았는지 관리 치료에 관심을 보이지 않았다.

그래서 나는 젊은 세대에게는 "입 냄새 때문에 연애에 실패하는 사례는 상상하는 것보다 10배는 많습니다."라는 말로 관리 치료를 유도해 보자고 제안했다. 또한 대기실에 두는 안내 책자에 같은 제목을 달고, 제목이 잘 보이도록 궁리해서 배치했다. 그랬더니 다른 안내 책자와는 비교가 안 될 만큼 **빠른** 속도로 사라지는 것이었다.

전문가들은 아무래도 병의 원인이나 증상만을 강조하면서 설득하는 경향이 있다. 그러나 일반인은 '연애', '돈', '예뻐진다.', '젊어 보이게 된다.' 같은 이야기를 들을 때 더 이미지를 잘 떠올린다.

또 다른 사례로, 논리적이라는 인상을 주는 사람(특히 인텔리층 남성)은 "치아의 위생 상태를 신경 쓰는 사람은 70세 이후의 의료비가 연간 18만 엔이나 낮다는 통계가 있습니다."라는 말에 잘 설득되었다.

이처럼 사람에 따라 마음이 움직이는 말이 천차만별이다. 그렇기에 다양한 설득의 말을 준비할 필요가 있다.

그리고 하나하나를 정성껏 전하면서 상대의 반응을 살펴야 한다. 눈이 갑자기 커지고, 표정이 바뀐다. 자신도 모르게 "오오!"라고 반응한다. 이런 반응을 발견했다면 바로 그것이 그 사람을 설득할 급소다. 그것을 발견했다면 이제 말의 집중 포격을 시작한다. 예를 들면, 아래와 같다.

"입 냄새 때문에 연애에 실패하는 사례는" ➡ *세 마디*
"상상하는 것보다 10배는 많습니다." ➡ *세 마디*

이런 말에,
"네? 정말인가요!?"라고 반응하면 기회가 온 것이다.

"고객님도 입 냄새가 나는 사람이 있으면 조금 멀찍이 떨어지실 겁니다." ➡ *네 마디*
"하지만 대놓고 말은 안 하지요." ➡ *두 마디*
"입 냄새의 원인 중 대부분은 잇몸병입니다." ➡ *세 마디*

세 마디로 연속해서 말하면 누구든 진지하게 생각해 준다.
타인을 설득하고 싶다면 그 사람의 마음을 가장 움직일 수 있는 말을 사용해야 한다. 그것은 상대의 눈이나 표정의 변화를 보면서 찾아낼 수 있다. 부디 잘 활용해 업무 성과를 높이길 바란다.

중요한 내용은 반복해라,
단 세 마디로!

● 치과 병원의 매출을 높인 비결은 한 가지가 더 있다. 내가 연수에서 의사와 위생사에게 "환자에게 관리 치료를 받으라고 확실히 전하고 있습니까?"라고 물어보니 대부분이 "네, 물론입니다."라고 대답했다. 그러나 관리 치료를 받는 환자의 수는 목표를 달성하지 못하고 있었는데, 그 원인은 전하는 횟수에 있었다.

다들 '나는 분명히 말했어. 그러니 전해졌을 거야.'라고 생각하는 듯했다. 그러나 잘 생각해 보자. 당신은 상사에게 한

번 들은 말, 게다가 딱히 강조하지도 않은 말을 전부 기억하고 실행하는가? "그건 무리죠."라고 말하는 사람이 압도적으로 많을 것이다.

사람은 한 번 말을 듣는 정도로는 금방 잊어버리는 법이다. 하물며 그것을 실행하려고는 생각하지 않는다.

세 마디로 계속 말하면 사람은 움직인다

나는 치과 병원에서 이렇게 말했다.

"짧은 말로, 계속해서, 사람을 바꿔 가면서"……"같은 메시지를 전하십시오."

사람은 같은 이야기를 여러 명에게 계속해서 들으면 점차 그 말대로 움직이게 된다.

이를테면 치아를 치료하는 도중에 의사가 세 마디를 가볍게 전한다.

"치아 관리를 정기적으로 받으면" ➡ *세 마디*
"치아를 치료해야 하는 일도 줄어들지요." ➡ *세 마디*

또 다른 기회에 위생사가 네 마디를 말한다.

"관리 치료를 받으면 입 냄새도 줄일 수 있답니다." ➡ *네 마디*

치료가 거의 끝날 시점에 접수원이, 두 마디를 말한다.

"다음부터는 치아 관리네요." ➡ **두 마디**

이렇게 며칠 간격으로 같은 이야기를 세 마디 정도의 짧은 말로 다양한 사람에게 계속 들으면 환자는 어느덧 그 말을 중요하다고 느끼기 시작해, "치아 관리는 어느 정도의 빈도로 받으면 되는 건가요?" 같은 질문을 하게 된다.

부하 직원을 지도할 때도 마찬가지다

부하 직원이 지금 어떻게 일하고 있는지 상사가 전부 파악하는 것은 어려운 일이다. 생산성이 높은 부분에 시간과 노력을 들이고 있다면 다행이지만, 이익이 적은 부분에 시간을 쓰고 있다면 난감할 따름이다.

부하 직원이 생산성 높게 일해 주기를 바란다면 항상 똑같은 말을 계속할 필요가 있다. 바로 다음과 같은 말이다.

"자신이 하는 일이 어느 정도의 이익을 내고 있는지" ➡ **세 마디**
…… "파악하면서 일하게." ➡ **두 마디**
"어떤 일을 하면 최대의 이익으로 이어질지" ➡ **세 마디**
…… "생각하고 그 일에 힘을 집중하게." ➡ **세 마디**
"이익을 내지 못하는 분야의 일은 뒤로 미루게." ➡ **세 마디**

부하 직원이 자신의 의도대로 움직일 때까지 같은 메시지를 말을 바꿔 가면서 계속 전하자. "나는 분명히 말했으니 이제는 자네 책임일세." 같은 말은 절대 금물이다.

본심은 사람을
움직이게 한다

● 이번에 소개할 사람은 건설 기계 리스 회사에서 일하는 간부 사원이다. 어느 날 그는 대형 건설 회사에 프레젠테이션을 했는데, 그 내용을 요약하면 대략 다음과 같다.

① 앞으로는 빅데이터를 이용하는 시대입니다.
② 귀사의 보험료는 최근 1년 사이에 5퍼센트 줄어들었습니다.
③ 귀사는 현재 저희 회사를 포함해 세 개의 리스 회사를 이용하고 계십니다.

④ 그 세 회사 가운데 귀사의 사원을 대상으로 사고율을 낮추기 위한 지도를 하고 있는 곳은 저희 회사뿐입니다.
⑤ 건설 기계를 전부 저희 회사에서 리스할 경우, 계산에 따르면 사고율을 추가로 3퍼센트 더 낮출 수 있습니다.
⑥ 그렇게 되면 사고 데이터를 집중할 수 있으며, 귀사 전체의 사고 데이터와 통합해 빅 데이터로서 활용이 가능해져 사고율을 2퍼센트 더 낮출 수 있을 것으로 예상됩니다.
⑦ 그러면 연간 보험료는 지금보다 5,000만 엔 더 절감됩니다.
⑧ 어떻게 생각하십니까?

그는 사이사이에 뜸을 들이지 않고 말을 쉴 새 없이 계속하는, 그래서 무슨 말을 하고 싶은지 이해하기가 어려운 유형이었다. 당연히 건설 회사의 임원에게서 호의적인 답변을 듣지 못했는데, 여기에는 또 다른 이유도 있었다. 이 프레젠테이션에서 그는 자신의 마음을 진심으로 드러내지 않았던 것이다.

당신은 건설 회사의 임원에게 가장 호소해야 할 말이 무엇이었다고 생각하는가? 내 수업에서도 같은 질문을 했는데, 경영을 하는 사람이나 영업직 등 본심으로 일해야 하는 사람은 정답률이 높았다. 반대로 공무원이나 의사, 주부 등은 본심을 찾아내는 것이 서툰 듯하다. 본심을 말하는 것은 천박하다고 생각하는지도 모른다.

그러면 정답을 말하겠다.

"귀사의 건설 기계를 전부 저희 회사에서 리스해 주실 수는 없겠습니까?"

이것이 궁극적인 본심이다. 프레젠테이션은 이 말로 시작했어야 한다. 그리고 기회가 있을 때마다 "건설 기계를 전부 저희 회사에서 리스해 주신다면"이라는 말을 사용하고 그럴 경우 보험료가 5,000만 엔 감소한다고 호소했다면 임원의 반응은 달라졌을 터이다.

내 수업에서 전달법을 단련한 그는 3개월 후 다른 건설 회사를 상대로 프레젠테이션을 할 때 본심을 직접적으로 드러냈는데, 그 결과 건설 기계의 리스를 그의 회사로 일원화하는 데 합의했다고 한다. 역시 어떻게 전달하느냐는 중요하다.

타인을 설득하고 싶다면 "○○을 원합니다."라고 본심을 그대로 호소해야 할 때도 많다. 그러나 자존심이 강한 사람, 고개를 숙이는 데 저항감을 느끼는 사람은 이것을 잘 못한다. 그러나 그것이 진정으로 상대에게도 이익이 된다면 정정당당하게 본심을 세 마디로 직접 표현하는 용기가 필요하다. 그럼으로써 상대의 마음도 크게 움직일 것이기 때문이다.

상대방의 머릿속에
영상이 떠오르게 하라

● 　　말로는 사람을 움직일 수 없다. 사람을 움직이게 하는 것은 머릿속에 그린 영상이다. 나는 지금까지의 경험을 통해 이렇게 느끼게 되었다.

내 수업에서는 연설 능력이나 설명 능력을 높이는 강좌 외에도 커뮤니케이션 능력을 키우는 강좌나 결혼 시장에서의 성공을 위한 강좌도 실시하고 있다. 그중에서도 남성을 대상으로 한 결혼 강좌는 모두가 열심히 수강하며 활기도 넘치는데, 역시 대부분은 처음에 과연 효과가 있을지 의문시하는 눈

빛으로 상담을 하러 온다.

결혼 상대를 찾고 있다고 해서 이성에게 인기가 없는 사람인가 하면 사실은 그렇지 않다. '이런 멋진 사내가 대체 왜?'라고 놀랄 만큼 성실하고 상냥한 남성도 있다. 그런 사람을 보면 꼭 나의 강좌를 듣게 하고 싶어서 미래의 행복한 이미지가 명확히 떠오르는 세 마디로 설득한다.

"'다음 크리스마스는 두 사람이 함께'를 목표로 삼으십시오."
"여름 불꽃놀이 축제도 두 사람이 함께 보러 가야지요."

이렇게 전하면 대부분은 표정이 확 밝아지면서 "그러면 어떤 강좌인지 설명을 부탁드립니다."라는 적극적인 자세가 된다.

사람의 마음은 논리적인 설명을 들었을 때보다 그 이미지가 떠오르는 설명을 들었을 때 움직인다. 영상의 정보량은 말의 1,000배나 된다는 이야기가 있을 정도이기에 그 효과는 절대적이다. 또한 영상이 떠오르면 그 상황에서 자신이 어떤 기분이 될지 알 수 있으므로 마음이 움직이는 것이다. 가령 "크리스마스는 두 사람이 함께"라는 말을 들은 그들은 자신들의 바람에 딱 부합하는 이미지를 떠올렸을 것이다.

이것은 어떤 상품을 판매할 때든 적용되는 원리다. 특히 고급 상품을 판매할 때는 반드시 타인의 시선이라는 것을 끌어내서 표현해 보길 바란다. 좋은 상품을 사는 사람은 결국 타인의 시선을 의식하면서 상품을 산다고 생각하면 거의 틀림이 없다. 가령 고급 수트를 판매하는 사람이라면 소재가 얼마나 훌륭하고 마감이 얼마나 잘 되어 있는지 전하는 데 집중하지 말고 그 옷을 입었을 때 다른 사람의 눈에 어떻게 보일지를 말로 표현해 보자. 일례를 들면 다음과 같다.

"이 수트를 입으면" ➡ **두 마디**
"그것만으로도" ➡ **한 마디**
"일류 비즈니스 맨으로 보인답니다." ➡ **세 마디**

그런 다음 아래와 같이 전한다면 구매율이 크게 상승할 것이다.

"일류는" ➡ **한 마디**
"먼저 수트를 보고" ➡ **두 마디**
"상대의 역량을 판단한다는 말이 있으니까요." ➡ **세 마디**
"이 수트가 고객님의 가치를 높여 줄 겁니다." ➡ **세 마디**

고급 시계를 판매하는 사람이라면, 아래와 같은 말이 좋을 것이다.

"소매에서 슬쩍 엿보이는 이 시계는" ➡ **세 마디**

"그것을 보는 사람의 눈을 사로잡을 겁니다." ➡ *세 마디*
"좋은 시계는 만나는 사람의 수준을 바꿉니다." ➡ *세 마디*

수트든 시계든, 구입을 생각하는 사람에게 그 상품이 자신을 한두 등급은 더 높은 존재로 끌어올려 줄 것 같은 기분이 들도록 만드는 것이다.

이미지를 떠올리게 하는 힘을 키우면 영업 능력도 판매 능력도 크게 상승할 것이라고 장담한다.

세 마디로 말하는
습관을 만드는 유용한 도구

자신이 하고 싶은 말을 짧은 말로 표현한다. 이 힘을 키우면 전하는 힘이 몇 배로 강해져서, 일을 할 때든 사람들을 하나로 모으는 활동을 할 때든 큰 영향력을 발휘하는 사람이 될 수 있다.
이 힘을 키우기에 안성맞춤인 취미를 소개하겠다.
그것은 바로 X(트위터)다. 자신이 하고 싶은 이야기를 140자로 정리하는 것은 상당히 어려운 일이다. 140자를 넘으면 제한이 생겨 이를 가르쳐 주기에 매우 편리하다. 아직 계정이 없는 사람은 먼저 자신의 계정을 만든 다음 무엇이든 좋으니 자신의 생각을 써 보자. 그것을 발신할 필요는 없으므로 부담 없이 시작하길 바란다. 먼저 무엇인가 써 보는 것이 중요하다. 자신의 생각을 짧은 문장으로 만드는 것이 얼마나 어려운 일인지 이해한다면 그것으로 충분하다.
다음 페이지 상단의 문장은 내가 얼마 전에 X에 올린 글의 초안으로, 무려 330자나 된다. 그리고 이 긴 문장을 140자 이내로 깎아내니 아래와 같은 글이 되었다

[이야기를 듣는 기술에 관해서 쓴 《대화가 끊이지 않는 66가지 Point》를 읽은 사람은 저자의 듣는 기술을 의심할지도 모른다. 내

가 듣는 기술이 뛰어나다는 증거를 제시하겠다. 내가 업무차 삿포로에 갔을 때였다. 몇 년 전에 아쉽게도 문을 닫은 아즈마즈시가 아직 영업을 하던 때였는데, 마쓰모토라는 주방장 앞에 앉아서 그의 이야기를 들어 줬다. "그렇군요!", "대단하네요!", "그래서 마쓰모토 씨의 초밥이 맛있는 것이군요."라고 호응하며 이야기를 들어 주니 마지막에 "서비스입니다."라며 2,000엔이나 하는 참치 대뱃살 초밥을 주셨다. 듣는 기술은 이 정도로 유익한 기술인 것이다.]
[《대화가 끊이지 않는 66가지 Point》 저자의 듣는 기술이 뛰어난지 의심하는 사람도 있을 텐데, 삿포로의 아즈마즈시에서 마쓰모토 주방장의 이야기를 "그렇군요!", "대단하네요!", "그래서 마쓰모토 씨의 초밥이 맛있군요."라며 들어 줘서 2,000엔이나 하는 참치 대뱃살 초밥을 서비스로 받은 적도 있다.]

어떤가? 글자 수는 줄어들었지만 중요한 부분은 전해졌을 터이다. 비결은 핵심이 되는 중요 부분만을 남기가 나머지는 최대한 잘라내는 것이다. 이 경우의 핵심은 다음 부분이다.
"그렇군요!", "대단하네요!", "그래서 마쓰모토 씨의 초밥이 맛있군요."라며 들어 줘서 2,000엔이나 하는 참치 대뱃살 초밥을 서비스로 받은 적도 있다. 이 부분도 불필요한 것은 깎아내서 간결한 문장으로 만듦으로써 140자의 문장을 완성했다.
용기가 있다면 실제로 X에 발신해 보길 바란다. 그래서 '좋아요'를 받는다면 의욕이 솟아날 것이다.

COLUMN 5

당신이
사람들 앞에만 서면
말문이 막히는 이유

● 이 책을 손에 든 당신은 아마도 사람들 앞에서 이야기할 기회가 많지 않을까 싶다. 내가 자주 받는 고민 상담 중에 "어떻게 해야 긴장하지 않게 될까요?"라는 것이 있다. 그래서 세 마디로 전하는 기술을 활용해 긴장을 완화하는 방법에 관해서도 소개하려 한다.

사람들 앞에서 이야기하는 것이 서툰 사람은 이야기하기 전부터 등과 겨드랑이에서 땀이 분출해 셔츠가 흠뻑 젖을 정도라고 한다. 이처럼 사람들 앞에서 이야기할 때 긴장하는 이유는 이야기를 듣는 사람의 평가가 신경 쓰이기 때문이다. 당신은 한 명인데, 듣는 사람은 여러 명이다. 그런 까닭에 상대는 1대 1로 대화할 때처럼 신경 써서 호응해 주지 않는다. 팔짱을 끼고 듣거나 무릎을 꼬고 듣기도 하며, 언짢은 표정으로 당신의 이야기를 듣는 사람조차 있을 것이다. 그 태도를 보고 자신이 나쁜 평가를 받고 있다고 느끼는 것은 어쩔 수 없는 측면이 있다.

긴장에 대한 대처법으로는 사람들 앞에서 이야기할 때 '청중의 머리를 호박이라고 생각해라.'라든가 '손바닥에 사람 인(人) 자를 적고 혀로 핥은 다음 무대에 서라.' 같은 방법이 공공연하게 이야기된다. 그러나 나는 그런 방법이 효과가 있었다는 이야기를 들어 본 적이 없다.

청중의 반응이 긴장을 풀어 준다

긴장을 풀어 주는 최고의 특효약은 청중의 반응이다. 긍정적인 반응이 돌아오면 '좋은 평가를 받고 있구나.'라는 생각이 들어서 긴장이 완화된다. 그래서 프로 이야기꾼은 청중의 마음을 사로잡기 위한 재미있는 이야기를 준비해 놓는다. 웃음이 터져 나오면 청중은 이야기에 몰입하기 마련이다.

다만 일반인에게 프로 이야기꾼처럼 청중의 마음을 사로잡을 이야깃거리를 준비하라는 어려운 주문을 할 생각은 없다. 그래서 차선책을 제안한다. 청중이 호응하기 좋게 이야기하는 방법을 익히라는 것이다.

고개를 끄덕여 주는 사람을 향해서 이야기하면 흥이 나기 시작한다

드디어 당신이 이야기를 할 시간이 되었다. 밖에서도 들릴 만큼 심장이 격렬하게 뛰고, 손발이 후들후들 떨린다.

이때 마음을 진정시키는 방법으로 복식 호흡을 추천하는 사람도 있는데, 시험 삼아 해 봤지만 효과가 없었다는 사람이 더 많은 듯하다.

그래서 좀 더 실천적인 방법을 소개하겠다.

"여러분, 안녕하십니까~~."라고 길게 끌면서 인사한다

사람들 앞에서 이야기할 때는 먼저 청중을 향해 "안녕하십니까."라고 인사할 것이다. 바로 이때가 기회다. 힘껏 숨을 들이마신 다음 "여러분, 안녕하십니까~~."라고 말끝을 늘이면서 몸속에 담아 뒀던 숨을 전부 천천히 뱉어낸다. 이것이 자연스럽게 복식 호흡을 만들며, 긴장했던 마음도 조금은 진정될 터이다.

인사한 뒤에 약간 뜸을 들이면 청중도 "안녕하세요."라고 대답할 것이다. 이것이 말의 왕복이 되어 당신과 청중을 연결해 준다.

반응이 좋은 사람을 찾아낸다

인사한 뒤에는 청중을 유심히 살펴본다. 그중에는 반드시 당신을 똑바로 바라보고 있는 사람이 있을 것이다. 표정이 온화하고 반응이 좋다면 금상첨화다. 먼저 그 사람을 향해서 이야기를 시작하자.

호응해 주는 사람을 향해서 이야기하면 자신이 받아들여지고 있다는 기분이 들어서 마음이 차분해진다. 이것은 매우 중요하다. 다만 수많은 사람이 있는데 계속 한 사람만을 보면서 이야기하는 것은 어색하므로 이야기에 고개를 끄덕여 주는 사람을 한가운데, 오른쪽, 왼쪽에서 찾아낸다. 그리고 조금 이야기한 다음에는 자세를 바꿔서 다른 사람을 향해 이야기한다. 이야기가 궤도에 오르면 고개를 끄덕여 주는 사람도 늘어나므로, 그런 사람들을 향해서 이야기해 보길 바란다.

이렇게 말하면 많은 사람이 "한 명을 향해서 이야기하라고요!?"라며 크게 놀란다. 그러나 재미있는 사실은, 수많은 사람 중에서 한 명을 향해 이야기하면 그곳에 있는 다른 사람들도 어째서인지 자신에게 이야기하고 있다는 느낌을 받는다는 것이다.

이렇게 해서 발표회장 전체가 당신에게 협력적인 자세가 되었다면 대성공이다. 그러면 긴장도 상당히 완화될 것이다.

시선을 벽이나 천장에 두면
청중의 마음은 멀어져 간다

이야기가 서툰 사람은 말할 때 시선을 멀리 떨어져 있는 벽이나 천장에 두는 경향이 있다. 그러니 이것은 제일 하지 말아야 할 행동이다. 이렇게 하면 청중은 당신이 자신들을 향해서 이야기하지 않는다고 느낀다. 그래서 이야기를 들을 의욕을 잃어버리고 지루함을 느끼기 시작하며, 시선이 초점을 잃고 스마트폰 등을 만지작거리기 시작한다.

또한 그런 모습이 눈에 들어오면 당신도 자신감을 잃는다. 가슴이 두근거리고 목소리가 갈라지는 등 수습이 불가능한 지경에 이른다.

협력적이지 않은 태도를 보이는 사람은
절대 보지 않는다

이야기에 자신이 없는 사람은 수많은 사람 중에서도 듣는 태도가 비협조적인 사람에게 자꾸 시선이 가는 경향이 있다. 무릎을 꼰 채 팔짱을 끼고 못마땅한 표정으로 노려보는 사람이다. 실제로는 이런 사람도 이야기를 집중해서 듣고 있지만 안타깝게도 그것이 겉으로 드러나지 않아서 오해를 받는 경우가 많다.

어쨌든, 굉장히 마음에 걸리겠지만 그런 사람에게 시선을 줘서는 안 된다. 없는 사람이라고 생각하면서 이야기하길 바란다.

  사람들 앞에서 이야기하게 되었다면 제일 먼저 할 일은 고개를 끄덕여 주는 사람을 찾는 것이다. 그런 다음 그 사람을 향해 이야기하자.

세 마디 말만으로
호응을 이끌어내는
프로의 비법

● 청중에게서 호응이 돌아오면 긴장은 완화된다. 당신이 이야기를 하고, 청중이 그 이야기에 호응한다. 또 당신이 이야기를 하고, 청중이 그 이야기에 호응한다. 이를 통해 이야기를 하는 당신과 청중의 호흡이 맞기 시작한다. 호흡이 맞는다는 것은 서로가 같은 타이밍에 숨을 들이마시고 또 같은 타이밍에 숨을 내뱉는다는 것이다. 호흡이 맞으면 회장 전체가 하나가 되어, 청중은 별것 아닌 이야기에도 웃음을 터트리며 당신의 이야기에 점점 몰입한다.

평범한 사람은 자신이 이야기하는 것만 생각하지만, 프로는 듣고 있는 사람을 의식하며 이야기한다.

세 마디로 말하고 뜸을 들이는 것이 프로의 전달법

여기에서 다시 등장하는 것이 세 마디로 말하고 뜸을 들이는 전달법이다. '……'는 뜸을 의미한다.

"여러분 안녕하십니까." ……
"저는 노구치 사토시라고 합니다." ➡ *두 마디* ……
"오늘은 사람을 키우는 솜씨가 능숙한 사람" ➡ *세 마디* ……
"서툰 사람이라는 주제로 이야기를 하겠습니다." ➡ *세 마디* ……
"사람을 키우는 것은 어려운 일이지요." ➡ *세 마디* ……
"특히 요즘 젊은 사람은 키우기가 어렵다고 합니다." ➡ *다섯 마디* ……
"뭐, 제가 젊었을 때도 똑같은 말을 들었습니다만." ➡ *세 마디* ……

이 책에서 계속 이야기하고 있는 이 원칙을 여기에도 사용할 수 있다. 이야기를 하고 뜸을 들이면 청중 중에 맞장구를 치거나 고개를 끄덕이거나 웃는 사람이 나온다.

말하는 이가 세 마디 정도로 이야기를 끊고 뜸을 들이며 좋은 리듬으로 이야기하면, 처음에는 제각각이었던 청중의 움직임이 점점 일치하게 된다. 바로 이것이 회장 전체가 하나가 된다는 것이다.

평범한 사람이 회장 전체를 컨트롤하기는 어렵겠지만, 그 중에서 서너 명이라도 자신의 페이스에 맞춰서 똑같이 호흡해 준다면 대성공이다. 자신의 응원단이 눈앞에 있다는 생각이 들면서 긴장감이 점차 완화될 것이다. 이 상태를 만들려면 먼저 초초해하지 말아야 한다. 시선은 청중을 향하지만 호응이 없다고 해서 불안하게 생각하지 말아야 한다. 불안감은 말에 담겨서 청중에게 전해지며, 이것이 당신의 이야기를 더욱 듣기 어렵게 만든다.

듣는 이도 '이야기를 들어 볼까?'라는 마음이 되기까지는 시간이 필요하다. 초반에 청중이 당신의 이야기에 몰입하지 못하더라도 당연한 일이라고 생각하자. 한동안은 말하는 이와 청중의 사이에 깊은 골을 있음을 받아들이고 세 마디로 말한 뒤 뜸을 들이기를 의식하면서 이야기해 보길 바란다.

고개 끄덕이게 할
이야기 하나만
찾으면 된다

● 　　다만, 그렇다고 해도 말하는 이와 청중의 거리가 계속 멀리 떨어져 있으면 당신의 긴장감은 해소되지 않는다. 그러니 청중의 끄덕임을 이끌어낼 말을 준비하자. 그 자리에 모인 사람들의 공감을 얻기 쉬운 말을 준비해 놓았다가 하는 것이다.

　가령 그곳에 모인 사람들이 40세 전후의 중간 관리직이라면 이런 이야기는 어떨까?

"여러분이 신입 사원이었던 시절에는" ➡ **두 마디** ……
"관리직이 될 때까지는 무조건 참고 견뎌라." ➡ **두 마디** ……
"라는 말을 들었을 것입니다." ➡ **한 마디** ……
"그랬는데 마침내 관리직이 되고 나니" ➡ **네 마디** ……
"갑자기 이런 말이 들립니다." ➡ **두 마디** ……
"상사 갑질" ➡ **한 마디** ……
"성희롱" ➡ **한 마디** ……
"부하에게 신경 쓰고" ➡ **두 마디** ……
"반대로 경비는 쓰지 말라고." ➡ **세 마디** ……
"성희롱과 상사 갑질을 거리낌 없이 하던" ➡ **네 마디** ……
"버블 세대가." ➡ **한 마디** ……
"그 말을 하는 겁니다." ➡ **두 마디**

여기에서 청중은 100퍼센트 웃음을 터트릴 것이다. 다들 "맞아, 맞아.", "우리는 양쪽에서 두들겨 맞는 세대야."라며 고개를 끄덕인다. 그곳에 있는 모든 사람이 당신의 신도로 변하며, 이렇게 되면 긴장감은 저 멀리 날아가 버린다.

반면에 그곳에 모인 사람들이 신입 사원이라면 어떻게 해야 할까? 중간 관리직에게는 반응이 좋았던 이 이야기도 그들에게는 와 닿지 않을 터이므로 그들의 공감을 얻을 이야기를 준비한다. 이런 이야기는 어떨까?

"불과 1개월 전까지" ➡ **한 마디** ……

"학생 기분으로 즐겁게 살아 왔는데" ➡ **세 마디** ……

"갑자기 갑갑한 수트를 입어야 하고" ➡ **세 마디** ……

"높으신 분이 다가와서는" ➡ **두 마디** ……

"이제 익숙해졌느냐고 물어보지만" ➡ **두 마디** ……

"익숙해진 것처럼 보여요?" ➡ **한 마디** ……

"라고는 못하고" ➡ **한 마디** ……

"일이라는 건 참 피곤하구나 하는 생각이 드는 시기일 겁니다."
➡ **세 마디** ……

이런 이야기라면 틀림없이 크게 고개를 끄덕일 것이다.

그렇다면 그곳에 모인 사람들이 남녀노소가 뒤섞여 있어서 어떤 명확한 층으로 분류할 수 없을 경우는 어떻게 해야 할까? 그럴 경우, 나는 나이가 지긋한 여성의 공감을 얻을 수 있는 이야기를 한다. 왜냐하면 나이가 지긋한 여성은 (무례한 표현이지만) 호응이 좋고 웃음소리도 크기 때문이다. 그래서 나이가 지긋한 여성층이 웃음을 터트리면 회장 전체가 그들에게 이끌려 웃음을 터트린다. 예를 들면 이런 식이다.

"어머니의 날에는 대대적으로 이벤트가 개최됩니다."
➡ **세 마디** ……

"하지만 아버지의 날에는 백화점 이벤트도 초라하지요."

➡ *세 마디* ……

"제 조사에 따르면, 어머니의 날에는 선물의 평균 예산이"

➡ *세 마디* ……

"6,000엔." ➡ *한 마디* …… ("오오"라는 목소리) ……

"아버지의 날에는" ➡ *한 마디* ……

"3,000엔." ➡ *한 마디* …… (여성들은 여기에서 폭소) ……

"그 이유를 조사했습니다." ➡ *두 마디* ……

"아버지들은" ➡ *한 마디* ……

"선물을 줘도 기쁜 티를 안 내더라." ➡ *세 마디* ……

(고개를 끄덕이는 여성들) ……

"사실은 기쁘면서" ➡ *한 마디* …… (회장의 폭소의 도가니) ……

"딸이" ➡ *한 마디* ……

"아빠, 이거 아버지의 날 선물이에요." ➡ *세 마디* ……

"그래, 거기 놓아두렴."

➡ *두 마디* …… (아버지들도 웃음을 터트리고 만다)

"몰라요. 이젠 안 사 드릴 거예요." ➡ *두 마디* …… (대폭소) ……

내 경우는 이때부터 커뮤니케이션에 관한 이야기로 넘어간다. "이건 남성의 공감 능력의 문제이지요."라는 식으로 본론에 들어가는 것이다. 청중이 이만큼 공감해 주면 그 뒤로는 굉장히 원활히 진행된다. 다음에 사람들 앞에서 이야기할 일이 생긴다면 참가자의 공감을 얻을 수 있는 이야기를 준비해 먼저 사람들의 끄덕임을 이끌어내길 바란다.

청중을 사로잡을 시간,
단 10초

● 　　청중은 냉정한 존재여서, 흥미를 느끼지 못하는 이야기에 오랜 시간 귀를 기울여 주지 않는다. 그렇기에 더더욱 이 변덕스러운 청중이 귀를 기울이게 하는 화제와 전달법이 필요하다.

청중은 단 1분도 기다려 주지 않는다

타인의 이야기를 듣는 것은 생각 이상의 중노동이다. 말하는 사람은 한 명이지만 듣는 사람은 다수이므로 '나 하나 정도는 집중하지 않아도 되겠지.'라고 생각하는 것은 어쩔 수 없는 일이다. 일단 등받이에 등을 기대면 그것으로 끝이다. 그 뒤에 다시 몸을 앞으로 기울이고 집중해서 이야기를 듣는 일은 좀처럼 일어나지 않는다.

그래서 재미있는 이야기로 시작부터 청중의 마음을 사로잡으라고 말한 것이지만, 고지식한 성격인 사람은 아무래도 당혹스러울 것이다.

듣는 이가 자신도 모르게 흥미를 느낄 제목을 붙여라

그래서 내가 추천하는 방법은 자신이 이야기할 내용에 매력적인 제목을 붙이는 것이다. 듣는 사람이 그 제목에 매력을 느낀다면 당신을 주목할 것이다.

다음은 내가 프레젠테이션을 지도한 어느 접골원 경영자의 이야기다. 내용을 간단하게 나열할 테니 자신이라면 어떤 제목을 붙일지 상상해 보길 바란다. 참고로 청중은 모두 지압원·접골원의 경영자다. 지압·접골 업계는 보험 제도의 개정으로 경영이 어려워졌다고 한다.

① "오늘은 여러분이 솔깃해 할 만한 이야기를 가져왔습니다."
② "지압원과 접골원은 현재 어디든 경영에 큰 어려움을 겪고 있습니다."
③ "하지만 위기는 곧 기회라는 말이 있지요."

④ "현재 지압·접골의 평균 객단가는 1,000엔 정도입니다."
⑤ "이것이 경영을 어렵게 만들고 있지요."
⑥ "그런데 피부 관리실을 가면 8,000엔을 받습니다."
⑦ "환자가 어깨 결림이나 요통을 치료받고 내는 돈은 1,000엔 정도인데"
⑧ "객단가가 무려 8배이지요."
⑨ "예뻐진다는 말을 들으면 8배를 더 내는 것입니다."
⑩ "저희는 이 점에 주목해 ○○미용 서비스"
⑪ "예뻐지는 접골을 개발했습니다."
⑫ "저희와 함께 이 서비스를 세상에 확산시키지 않겠습니까?"

자, ①부터 ⑫ 가운데 어떤 말이 청중의 마음을 가장 크게 움직일 것 같은가?

정답은 ⑧이다.

시작부터 "여러분, 오늘은 객단가를 …… 8배로 만드는 방법을 말씀드리겠습니다."라고 말한다면 경영자들은 "오!"라고 탄성을 지르며 이야기에 주목할 것이다. 사람은 구체적인 숫자에 가장 크게 반응하는 법이다.

③의 "위기는 곧 기회라는 말이 있지요."를 선택한 사람은 듣기 좋은 말을 선택하는 경향이 있는 사람이다. 격언 등 지적인 말을 좋아하는 사람으로 생각되지만, 이 경우에는 추천하지 않는다.

인간은 좀 더 생생한 정보에 강한 인상을 받아 자신도 모르게 눈을 크게 뜨는 법이다. 따라서 듣는 이가 가장 바라는 말, 요컨대 숫자와 그렇게 되었을 때의 이상적인 이미지를 표현한 말을 제목으로 사용해야 한다. 인사 따위에 시간을 들이지 말고 이야기를 시작한 지 10초 이내에 이 제목을 전한다.

"여러분, 오늘은 객단가를 …… 8배로 만드는 방법을 말씀드리겠습니다."

이렇게 말하면 청중이 당신의 이야기에 집중하는 것이 느껴질 것이며, 그렇게 되면 긴장감은 순식간에 사라질 것이다.

선거 운동을 할 때도
하고 싶은 말을 세 마디로 전한다

●

선거 결과를 좌우하는 것은 전달법이다. 이것이 나의 지론이다. 그러나 선거 운동이 시작되면 하나같이 유감스러운 연설만 해서 실망스럽다. 거리나 유세 차량에서 자신의 생각을 발신하는 후보자를 볼 때마다 나도 모르게 "저런 식으로 말하면 안 되는데……"라고 중얼거리게 된다.

특히 역 앞 등에서 연설을 할 경우, 유권자는 후보자의 이야기를 진득하게 들어 주지 않는다. 그들은 출퇴근을 위해 집 혹은 회사에서 나와 역으로 들어가는 도중이다. 연설이 귀에 들어오는 시간은 고작해야 1분 정도일 것이다. 그러나 대부분의 후보자는 처음부터 끝까지 들어야 비로소 내용을 이해할 수 있게 이야기를 한다.

그런 장황한 이야기로는 출퇴근 중인 유권자의 마음을 사로잡을 수 없다. 그렇기에 유권자가 '오!', '뭐?', '좀 더 들어 보고 싶은데?'라는 생각이 들게 하는 세 마디를 준비해야 하는 것이다.

이른 아침 혹은 한밤중의 출퇴근 시간대라면 직장인들을 대상으로 삼는다.

"열심히 일하는 아버지들이"(세 마디) …… "용돈으로 하다못해 5만 엔은 받았으면 좋겠습니다."(세 마디)

이것으로 유권자를 멈춰 세운 뒤, 약 1분 동안 자신의 주장을 설명한다.

오전 중이라면 주부층을 대상으로 삼는다.

"육아를 전부 어머니가 책임지는 것은"(네 마디) …… "잘못되었습니다."(한 마디)

"정부나 지방 자치 단체가 육아를 책임지는 나라"(세 마디) …… "제가 만들겠습니다."(두 마디)

낮이라면 집에 있는 유권자를 의식한다.

"이 마을에 슈퍼마켓을"(두 마디) …… "다시 불러 와야 하지 않겠습니까?"(두 마디)

이처럼 다양한 층을 타깃으로 삼은 특별한 세 마디를 수십 종류 준비한다. 그런 다음 눈앞에 있는 유권자의 얼굴을 보고 적절한 말을 고른다. 어떤 이야기든 분량은 1분 이내로 준비한다. 이렇게 해서 그 후보자의 이야기는 재미있다, 마음이 끌린다고 느끼게 만든다면 이미 당선된 것이나 다름없다.

이 원칙은 영업을 할 때나 타인을 설득할 때도 마찬가지다. 상대가 '오!'라고 생각하게 만드는 세 마디로 이야기를 시작하고, 흥미를 보이면 1분 정도의 시간 동안 내용을 전한다. 부디 순식간에 상대의 마음을 사로잡을 수 있는 세 마디를 준비해 능숙하게 활용하길 바란다.

COLUMN 6

거절할 때는
이 한마디로 해결한다!

● 예전부터 일본인은 자기주장이 약하다는 말이 있었는데, 아직도 개선될 기미가 보이지 않는다. 어려운 상황일수록 세 마디로 전하는 간결한 커뮤니케이션이 빛을 발한다. 이리저리 고민하기보다 자신의 마음을 정직하게 전하는 편이 인간관계도 악화되지 않을 뿐만 아니라 상대도 더 잘 받아들여 주기 마련이다.

거절에 이유는 필요 없다

거절을 잘 못하는 사람은 마음이 내키지 않는 의뢰나 제안을 받으면 큰 스트레스를 느낄 터인데, 이런 유형의 사람은 한 가지 착각을 하고 있다. 그것은 바로 '거절에는 이유가 필요하다.'라는 착각이다. 가령 동료에게 "오늘 나 대신 야근을 해 줄 수 없을까?"라는 부탁을 받았을 때 "오늘은 어머니께서 몸이 안 좋으셔서 일찍 집에 가 봐야 해." 같은 이유가 없으면 거절할 수 없다고 자신을 속박하기 때문에 마음이 괴로워지는 것이다.

그러나 업무 또는 계약상의 문제가 아닌 이상 거절할 때 이유를 말할 필요는 없다. 당신에게는 하고 싶은 것을 하고, 하기 싫은 것을 하지 않을 권리가 있기 때문이다. 곰곰이 생각해 보면 당연한 일이다.

대부분은 "미안합니다."라는 한마디로 거절할 수 있다

그러므로 거절의 뜻을 짧은 말로 전한다. 그 말은 "미안해."(상사 등 윗사람일 경우는 "죄송합니다.")라는 한마디다. 이것을 다음과 같이 사용한다.

동료 "오늘 나 대신 야근을 해 줄 수 없을까?"
당신 "아, 미안해."
동료 "안 돼?"

당신	"응."
동료	"알았어. 무리한 부탁을 해서 미안해."
당신	"아니야. 대신 해 줄 수 있을 때는 대신 해 줄 테니 말해."

 이것으로 거절한다는 당신의 마음이 오롯이 전해졌다. 아울러 상대에게 미안한 마음을 품고 있음도 전해졌다. 상대가 일반적인 감성의 소유자라면 당신의 거절을 흔쾌히 받아들일 것이다.

"왜?"라고 이유를 묻는다면
마음이 약한 사람은 뚜렷한 이유가 없을 때 "왜"라는 질문을 받으면 당황해서 횡설수설하는 경향이 있다. 그러나 자신에게 책임이 없는 일일 경우 거절에 이유는 필요 없다. 당당히 "이유는 묻지 마."라든가 "이유는 묻지 말아 주십시오."라고 짧게 두 마디로 대답하면 된다. 이렇게 짧은 말로 전하는 편이 더 원만하게 마무리된다.

 거짓 이유 등을 지어내서 거절하려고 하니까 그 거짓말이 들통 났을 때 문제가 생기는 것이다. 마음이 약한 사람은 꼭 참고하길 바란다.

칭찬이 서툰 사람은
이 세 마디를 기억하자

● 칭찬하는 것이 어렵다는 사람도 많다. 상대가 놀라운 성적을 냈거나 획기적인 아이디어를 생각해냈을 경우는 "훌륭해!"라고 진심으로 칭찬해 줄 수 있는데, 딱히 칭찬할 정도는 아니라고 느꼈거나 칭찬할 구석이 하나도 없다고 느꼈을 경우는 어떻게 칭찬해야 할지 모르겠다는 것이다.

한번은 어느 사장이 나를 찾아와, "사무를 담당하는 여사원이 영업처의 파일을 지역별로 정리해 줬습니다. 그 덕분에 영업이 원활해진 것은 피부로 느껴지지만, 대단한 일을 했다고 말할 정도는 또 아니다 보니 어떻게 칭찬해 줘야 할지 모르겠습니다."라며 고민을 털어놓았다. 당신이라면 어떻게 칭찬하겠는가?

상대가 해 준 일을 말로 표현하기만 해도 칭찬이 된다

이럴 때의 원칙은 "당신이 해 준 일을 인식하고 있습니다."라고 전하는 것이다. 그렇게만 해도 상대는 충분히 기뻐한다. 또한 장황하게 말하기보다 간결하게 전할 때 당신의 마음이 더욱 잘 전해진다. 이번에도 세 마디를 의식하면서 전해 보자.

앞의 예라면 다음과 같이 표현한다.

"○○씨."…… "영업처의 파일을 지역별로 정리해 주셨더군요."…… "영업 사원들이 일하기 편해졌다며 기뻐했습니다."

나를 찾아온 사장도 이렇게 전했는데, 그 말을 듣고 여사원이 빙긋 웃었다고 한다.

칭찬할 점이 없는 사람에게는

또한 다른 회사의 영업 부장에게 "저희 회사의 A는 칭찬할 구석이 없습니다. 어떻게 해야 할까요?"라는 고민 상담을 받은 적도 있다.

칭찬하는 방법을 지도하는 책을 읽어 보면, 그럴 때는 복장을 칭찬하라, 표정을 칭찬하라, 무엇이든 찾아보면 칭찬할 점이 있을 것이라고 가르친다. 그러나 부자연스러운 칭찬을 하면 칭찬 받는 상대도 마음이 거북할 것이다.

나는 그 영업 부장에게 이렇게 말했다.

"A가 그곳에 있는 것을 기뻐하고, 그것을 말로 표현하십시오. 가급적 간결하게요."

이 말을 들은 영업 부장은 A가 외근을 나갔다 회사로 돌아왔을 때 살짝 익살을 떨면서 어깨를 잡고 "오늘도 영업을 갔다 온 건가?"라고 말했다고 한다. 그리고 이후에도 타이밍을 봐서 "돌아왔나?", "방문 약속을 잡았다더군.", "거래처에 제안을 하고 왔다면서?"라고 짤막하게 말을 걸었다. 그전까지 A는 실적이 나빠서 많이 위축된 모습이었는데, 영업 부장이 계속 말을 걸어 주자 점점 업무에 관해 이것저것 물어보게 되었다고 한다. 자신에게 말을 걸어 주는 영업 부장을 보면서 자신의 존재를 인정받았다는 느낌을 받은 것이리라.

이처럼 본 것을 그대로 짧은 말로 표현하기만 해도 칭찬하는 것보다 더 상대의 의욕을 끌어낼 경우가 있다. 너무 어렵게 생각하지 말고 깨달은 점부터 말로 표현해 보길 바란다.

단 세 마디면
직원들은 반드시
당신을 따른다

● 부하를 꾸짖지 못하는 관리직이 늘고 있다고 한다. 상사 갑질로 세상이 떠들썩하다 보니 꾸짖기가 쉽지 않을 것이다. 다만 나는 많은 사람이 꾸짖는다는 것을 오해하고 있다는 느낌을 받는다. 그 오해의 원점을 거슬러 올라가면 이렇다.

① 꾸짖는다는 것은 화를 내는 것
② 상대의 행동을 강제로 개선시키는 것

③ 상대를 굴복시키는 것

꾸짖는 것을 이렇게 받아들이면 감정적이 되기도 하며 또 상대도 반발할 수 있다.

나는 꾸짖는 것을 '상대가 잘못했음을 지적하고 그 행동을 고치도록 조언하는 것'이라고 생각한다. 가령 오른쪽으로 가면 도쿄, 왼쪽으로 가면 나고야가 나오는 갈림길이 있다고 가정하자. 당신은 부하 직원이 도쿄로 가야 하는데 나고야로 향하려 하고 있음을 깨달았다. 이때 당신은 틀림없이 감정이 섞이지 않은 목소리로 이렇게 말할 것이다.

"도쿄로 가려면 오른쪽 길로 가야 해."

나는 이렇게 지적하는 것으로 충분하다고 생각한다. 이런 지적이라면 누구나 할 수 있을 것이다. 그 뒤에 "왜 그런 간단한 것조차 모르는 건가?"와 같이 상대를 질책하는 말은 할 필요가 없다. 또한 "거 봐. 내가 말한 대로지?"라며 상대를 굴복시킬 필요도 없다. 만약 부하 직원이 "아니요. 왼쪽이 도쿄로 가는 길이라고 생각합니다. 저는 왼쪽으로 가겠습니다."라며 자신의 주장을 굽히지 않는다면 그렇게 하도록 내버려둔다. 다만 "그대로 계속 하면 후지산이 점점 가깝게 보일 걸세." …… "그때는 잘못된 방향으로 가고 있음을 깨닫고 돌아와 주게."라고 전하자.

"실수한 이유는 뭔가?", "다음부터는 어떻게 할 건가?"로 꾸짖음을 마친다

내가 부하를 꾸짖을 때 신조로 삼는 것이 있다. 짧은 말로 끝낸다는 것이다. 지금은 베테랑이 된 한 여성 강사도 입사 초기에는 개인 레슨 시간을 깜빡한다거나 연락을 잘못하는 등의 실수를 저질러 수강생의 클레임이 들어오기도 했다.

그럴 때 나는 그 강사에게 "이번 일은 왜 일어났다고 생각하나?"라고 물어서 원인을 생각하게 했다. 그리고 "앞으로 같은 일이 일어나지 않게 하려면 …… 어떻게 해야 할까?"라고 물었다. 그러자 그 강사는 곧바로 개선책을 궁리하고 같은 실수를 저지르지 않도록 노력했다.

1분도 안 되는 시간에 상대를 비난하지 않고 두 가지 질문을 함으로써 상황을 좋은 방향으로 움직일 수 있었다.

술버릇이 나쁜 사원의 개선안

이번에 소개할 것은 다른 회사에서 있었던 일이다. 술버릇이 나쁜 사원이 있는데, 술을 마시다 회사에서 지급한 휴대폰을 분실했다. 이것이 두 번째 분실이었다고 한다. 회사로부터 그 사원을 개선시켜 달라는 의뢰를 받은 나는 그에게 앞에서와 똑같이 물었다.

"이번 일은 왜 일어난 겁니까?"

"같은 일을 또 일으키지 않으려면 어떻게 해야 할까요?"

그러자 그는 휴대폰에 스트랩을 달아서 목에 건다, 술을 마실 예정이 있을 때는 휴대폰을 회사에 두고 퇴근한다는 개선책을 생각해냈다. 그리고 이후로는 같은 실수를 저지르지 않는다고 한다.

 관리직은 부하 직원을 거느리고, 부하 직원의 존경을 받으며, 부하 직원을 자신의 생각대로 움직이는 존재라고 생각하면 무리한 지시를 하게 되고 부하 직원의 말을 듣지 않게 된다. 부하 직원과 함께 협력해서 실적의 향상과 실수의 개선을 꾀하는 존재가 관리직이라고 생각해 보자. 그리고 부하 직원이 생각하는 방식으로는 잘 될 것 같지 않다고 느꼈다면 이렇게 질문해 본다.

 "그 방식으로는 잘 안 될 것 같은데"……"어떻게 생각하나?"

 "어떻게 생각하나?"라는 짧은 말을 덧붙이기만 해도 자신의 생각을 강요할 마음은 없음이 전해진다. 기회가 있다면 시험해 보길 바란다.

생각대로
움직이지 않는
직원이 있다면

● 　　부하 직원이 생각대로 움직여 주지 않는다. 이런 고민을 안고 있는 상사가 많을 것이다. 내 경험상, 부하 직원이 생각대로 움직여 주지 않는 것은 무엇을 해야 할지 짧은 말로 전하지 않아서가 원인이 아닐까 싶다. 무엇인가를 지시할 때 그 배경과 상황을 설명하고 이유를 말한 다음 "○○을 해 주게."라고 전하는 상사가 많다고 느낀다.

다음의 예는 한 치과 병원의 원장이 내게 한 푸념이다.

"직원에게 환자와 이야기할 때는 반드시 마스크를 벗으라고 말했는데, 제가 안 보는 곳에서는 지시를 따르지 않는 직원이 많습니다."

이 원장의 지시도 다음과 같이 배경이나 상황 설명부터 시작하는 것이었다. "치과 병원이 난립하는 가운데, 환자들은 높은 수준의 응대를 해 주는 병원을 원하네."라고 이야기를 시작해, 마지막이 되어서야 비로소 "그러니 환자들을 상대할 때는 마스크를 벗고 이야기하도록."이라고 본론을 말하는 방식이다. 이런 식으로 메시지를 전하면 부하가 끝까지 집중력을 잃지 않고 들은 것이 아닌 이상 지시가 강한 인상을 남기지 못한다. "마스크를 벗으시오."라는 핵심적인 말이 머릿속에 각인되지 않는 것이다. 그래서 지시대로 움직이지 않게 된다.

부하 직원에게는 '무엇을 할 것인가?'만을 전한다는 마음가짐으로 지시한다

부하 직원은 상사의 말을 집중해서 듣지 않는다. 관리직은 '부하 직원은 상사의 말 중 30퍼센트 정도밖에 받아들이지 않는 존재'임을 깨달아야 한다. 그렇기에 지시할 때는 짧게 전한다는 의식이 필요하다.

상황이나 배경 등은 뒤로 미루고 "환자와 이야기할 때는 반드시 마스크를 벗으시오."라는 말부터 짧게 전한다면 지시는 반드시 부하 직원에게 전해진다. 배경이나 상황 설명이 필요하다면 결론을 말한 뒤에 전해도 충분하다.

어떤 때 무엇을 해야 할지 구체적으로 전한다

윗사람은 '마스크를 벗으라고 전하면 그 다음에는 알아서 임기응변을 발휘하겠지.'라고 기대하는 경향이 있다. 그러나 임기응변적인 대응을 할 수 있는 부하 직원은 극소수에 불과하다. 부하 직원이 지시를 철저히 지키도록 만드는 사람은 "○○일 경우에도 반드시 ××를 하시오."라고 못을 박는다. "환자가 안대를 써서"(두 마디) …… "이쪽의 얼굴이 보이지 않더라도"(두 마디) …… "마스크를 벗으십시오."(두 마디)

"입을 벌리지 말아 주세요."(두 마디) …… "같은 간단한 부탁도"(두 마디) …… "마스크를 벗고 말하십시오."(세 마디)

"요컨대 입을 열 때는 반드시 마스크를 벗으라는 말입니다."(네 마디)

이렇게까지 지시를 해야 비로소 상사의 생각대로 행동한다.

부하는 몇 번을 거듭해서 말해야 비로소 움직인다

'나는 분명히 전했으니, 이제부터는 부하의 책임이야.' 이런 안일한 생각을 해서는 안 된다. 상사가 중요하다고 생각하는 것은 몇 번을 거듭해서 전해야 한다. 그래야 비로소 부하 직원도 '중요한 것이구나.'라고 느끼기 시작한다.

사람을 움직이려면 먼저 세 마디로 전하며, 같은 지시를 수없이 반복해야 한다. 그렇게 할 때 비로소 부하 직원이 당신의 생각대로 움직이게 된다.

상사도
무릎 탁 치게 만드는
보고 및 상담 스킬

● 상사에게 무엇인가를 상담할 때는 주눅이 드는 경우가 많으며, 자신도 모르게 말도 많이 하게 되기 마련이다. 그러나 말이 많아질수록 자신이 전하고자 하는 진짜 메시지는 전해지지 않고 상사에게 스트레스만 주기 마련이다. 지금까지 배운 '결론부터', '세 마디로' 전한다는 원칙을 구사해 상담 능력을 높이자.

"의논드리고 싶은 것이 있습니다."라고 솔직하게 전하는 것이 좋은 상담이다

상담할 것이 있어도 상사가 굉장히 바빠 보이고 늘 험악한 표정을 짓고 있으면 말을 걸기가 어려운 법이다. 이야기를 들어 줄 것 같지 않은 분위기가 용기를 꺾어 버린다.

그럴 경우는 아침 일찍이나 점심시간 직전, 업무 시간이 끝날 무렵 등 상사에게 여유가 있어 보이는 타이밍을 살펴 "의논드리고 싶은 것이 있습니다만, 잠시 시간을 내 주실 수 없을까요?"라고 전하면 이야기를 들어 줄 가능성이 있다.

즉시 상담이 가능할 때는 "의논드릴 것이 있습니다."라고 말한 뒤 이야기를 시작한다

상사에게 여유가 있다면 그 자리에서 상담을 시작할 때도 있을 것이다. 그럴 때는 "의논드릴 것이 있습니다."라고 말한 뒤 이야기를 시작하자.

다짜고짜 내용부터 말하기 시작하면 상사도 그것이 상담 요청임을 이해하기까지 시간이 걸리며, 그래서는 상사의 귀중한 시간을 낭비하게 된다.

반드시 결론부터 시작한다

"바쁘실 텐데 시간을 내 주셔서 감사합니다."라고 고마움을 전했다면 즉시 결론부터 말하기 시작하자. 그래야 상사의 사고도 원활해진다.

이때는 "과장님께서 주시는 근무 일정표에 관한 것입니다만"(세 마디) …… "저희에게 주시는 시기를"(세 마디) …… "일주일"(한 마디) …… "앞당겨 주실 수는 없을까요?"(두 마디)와 같이 본론을 세 마디 정도로 끊어서 전한다.

그리고 상사가 "왜 그런 부탁을 하는 건가?"라고 물어볼 때는 "아이를 데리러 유치원에 가야 하는데"(세 마디) …… "친정어머니에게 부탁을 드리고 있지만"(두 마디) …… "어머니도 생활이 있다 보니"(두 마디) …… "일찍 말해 달라고."(두 마디) …… "계속 말씀하셔서요."(두 마디)라고 이유를 전하면 된다.

이유를 장황하게 말하면 상사도 지친다

이유부터 말하기 시작해 결론을 말하지 않은 채 장황하게 이야기하는 사람이 있는데, 이것은 좋지 않다. 그런 사람은 이를테면 이런 식으로 말한다.

"과장님, 저희 아이가 아직 유치원에 다녀요. 남편도 전근을 간 지 얼마 안 되었고요. 외자계 기업인데 시간을 철저히 지켜야 하더라고요. 그 문제로 요즘 자주 싸우게 되었어요. 그래서……."

이래서는 상사도 무슨 이야기를 하고 싶은 것인지 알 수가 없어 짜증이 나게 된다. 그리고 "그래서, 용건이 뭔가?"라는 말이 상사의 입에서 나온다면 본래 들어 줬을 부탁도 들어 주지 않게 된다. 상담을 할 때는 짧게, 결론부터, 세 마디로 전해는 것을 의식하길 바란다. 그러면 상사가 이해해 줄 가능성이 커진다.

반박하지 않고도
상사를 설득하는
고급 기술

● 상사에게 반론한다. 우리의 기업 풍토에서는 굉장히 어려운 커뮤니케이션이다. 가급적 피하고 싶은 일이지만, 언제까지나 예스맨이기만 해서는 능력을 의심받게 된다. 그래서 적절히 반론하면서도 상대를 화나게 하지 않는, 때로는 상사가 '유능한 친구군.'이라고 감탄하게 만드는 기술을 전수하겠다.

"외람된 말씀입니다만"이라는 말은 사용한 순간 상사를 화나게 한다

당신도 상대가 "하지만"이라든가 "그렇지만"이라는 역설의 접속사를 사용한 순간 반론 당한다는 공포로 심장이 고동치고 혈압이 상승했던 경험이 있을 것이다. 하물며 "외람된 말씀입니다만" 같은 말을 사용했다면 상사의 얼굴이 경직될 것은 불을 보듯 뻔하다.

역시 회사에서 상사를 마주보며 반론하는 것은 그다지 상책이 아니라고 생각한다.

질문이라는 완곡한 반론법을 익히자

나는 상대의 의견에 반론할 때 가급적 반론의 형태를 띠지 않고 질문이라는 방법을 사용하도록 권하고 있다.

가령 작은 회사에서 사장이 상품의 판매 추이를 비관해 "가격을 내리는 수밖에 없겠어."라고 말을 꺼냈다고 가정하자. 반면에 당신은 가격을 내리면 이익이 나지 않게 되어서 회사가 점점 말라 죽을 것이라고 확신하고 있다. 이럴 경우, 사장이 "그건 안 됩니다.", "그래서는 이익이 나지 않게 됩니다."라는 당신의 조언을 진지하게 들어 주는 사람이라면 다행이지만, 그렇지 않다면 질문을 사용해 보자.

"사장님, 가격을 내릴 경우 이익은 얼마나 날까요?" ➡ *세 마디*

"회사를 존속시키기 위해서는" ➡ **두 마디**

…… "지금보다 매출을 얼마나 늘려야 할까요?" ➡ **네 마디**

이때 다그치듯이 말하면 역효과를 부를 뿐이다. 어디까지나 담담하게 논리적으로 말하자. 그러면 사장은 자신의 생각이 좋은 결과로 이어지지 않을 것임을 깨달을 터이다.

"저는……라고 생각합니다만, 어떻게 생각하십니까?"라고 물어본다

그런 다음 자신의 생각을 말한다. 이때도 자신의 현명함을 과시하듯이 말해서는 안 된다. 어디까지나 겸손하게 말해야 한다.

"위기일 때일수록 가격을 올려라." ➡ **두 마디**……

"라는 말이 있습니다." ➡ **두 마디**……

"지금은 타깃층을 높여서" ➡ **두 마디**……

"포장을 고급화하고" ➡ **두 마디**……

"이 상품에 스토리를 부여해" ➡ **세 마디**……

"가치를 높이는 전략도 있지 않나 생각합니다." ➡ **세 마디**……

"어떻게 생각하십니까?" ➡ **한 마디**……

마지막에 "어떻게 생각하십니까?"라는 짧은 말을 덧붙이는 것이 중요하다. 자신의 생각을 강요하는 것이 아니라 자신의 생각을 제시하고 상사에게 평가를 맡긴다. 이 겸손함이 상사의 자존심을 지켜 주고 당신도 지켜 줄 것이다.

에필로그

세 마디의 기적을
경험한 사람들

"당신의 직업은 무엇입니까?"라는 질문을 받았을 때, 당신은 뭐라고 대답하는가? 아마도 많은 사람이 "재고 관리입니다." 라든가 "의사입니다." 같이 커다란 범주로 대답할 것이다.

그렇다면 "어떤 일을 하십니까?"라는 질문을 받았을 때는 뭐라고 대답하겠는가? 대부분은 자신이 하고 있는 일을 하나하나 열거하면서 설명한다. 가령 재고 관리가 직업인 사람은 "창고에 있는 부품의 수를 파악하고, 부품의 입출고를 체크해 재고가 맞는지 확인한 다음 부족한 것이 있으면 주문합니다." 같은 식으로 대답할 것이다. 그러나 이래서는 자신이 하고 있는 일의 본질을 파악할 수 없다.

다시 한 번 자신이 어떤 일을 하고 있는지 깊게 생각해 보고, 세 마디 정도의 짧은 말로 표현하고자 시도해 보자. 파나소닉의 창업자인 마쓰시타 고노스케는 "나는 주부를 해방시켰다."라고 말했다. 그가 자신이 하는 일의 본질을 '단순히 전기밥통이나 세탁기, 청소기 등의 가전제품을 만드는 것이 아니라 아침부터 밤까지 집안일에 쫓겨 자신의 시간을 갖지 못했던 주부를 부엌에서 해방시키는 일'이라고 생각했음을 짐작할 수 있는 일화다.

일의 정의가 바뀌면 당신의 행동도 달라진다. 그리고 이것은 일에 임하는 당신의 자세를 한 차원 더 높게 끌어올려 줄 것이다.

내가 하는 일이 '누구를 지탱하고 있는가?'를 생각해 본다
내 교실에서도 학생들에게 똑같은 주문을 하고 있다.

그 결과, 어느 의사는 '내가 하는 일은 환자의 건강 수면을 연장하는 것'임을 발견했다. 처음에 이 의사는 "제가 하는 일은 검사를 하고 주사를 놓으며 약을 처방하는 것입니다."라고 말했었다. 환자가 전자와 후자 중 어떤 의사에게 진찰을 받고 싶을지는 굳이 말할 필요도 없을 것이다.

이것은 어떤 효과를 낳을까? 그것은 자신의 직업에 관해서 깊게 생각하게 되며 일에 임하는 자세가 달라지는 효과다. 앞에서 소개한 의사도 환자의 건강 수명을 늘리는 것을 의식한 뒤로 환자를 진찰할 때 자신의 전공이 아닌 병까지 주의를 기울이게 되었고, 또 환자의 일상생활까지 생각하면서 질문과 조언을 하게 되었다고 한다. 요컨대 병을 진찰하는 것이 아니라 환자를 진찰하게 된 것이다.

　직업이라는 것은 매일 같은 것을 반복하는 경우가 많다. 대부분의 작업이 루틴화되어서 그다지 깊이 생각하지 않고도 하루하루 작업을 처리할 수 있게 된다. 그러면 자신이 하는 일에 관해 깊게 생각해 보는 일도 줄어든다. 이것이 타성을 낳고, 새로운 것을 만들어내는 에너지를 감소시키는 원인이 된다. 그러니 일단 멈춰 서서 자신이 일을 통해 누구를 지탱하고 있는지 생각해 보자.

　당신이 지탱하는 대상은 고객일지도 모른다. 회사 내부의 누군가일 수도 있다. 전 세계의 아이들일지도 모른다. 자신의 일을 통해서 지탱하고 있는 사람들의 얼굴이 보인다면 다음에는 그 사람들의 무엇에 공헌하고 있는지 찾아본다.

　내게는 굉장히 우수한 여성 부하가 있는데, 그 부하는 이 질문에 "제가 하는 일은 사장님(나)의 시간을 만드는 것이에요."라고 대답했다. 내가 잡무를 처리하지 않고 생산성이 높은 일에 몰두할 수 있게 하는 것이 회사의 이익을 낳는 최대의 공헌임을 파악하고 있는 듯하다. 나는 훌륭한 통찰이라고 느꼈다.

마지막으로, 이 과정을 거쳐서 큰 깨달음을 얻은 어느 호텔 경영자의 이야기를 소개하겠다. 그는 큰 여관을 경영하는 가문의 셋째아들로, 여관을 물려받지 않고 도쿄에서 회사 근무를 하고 있었다. 그런데 5년 전에 사장인 어머니에게 새로 건설한 리조트 호텔의 지배인을 맡아 달라는 부탁을 받고 고향으로 돌아갔다.

그가 내 강좌를 들으러 왔을 때는 지배인이 된 지 얼마 안 된 시기였다. 당시의 그는 자신이 하는 일의 정의도 모호하게밖에 하지 못했고, 다음과 같은 진지함이 부족한 대답밖에 떠올리지 못하는 상태였다.

"제가 하는 일은 호텔의 영업, 광고 수배, 파트타이머 직원의 근무 일정 짜기, 고객의 마중, 일손이 부족할 때 주방 돕기 등입니다."

안타깝게도 자신이 하고 있는 일을 하나하나 나열하는 수

준의 대답밖에 하지 못했던 것이다.

그러나 이후 개인 레슨 등을 거듭한 결과, 그의 대답은 이렇게 달라졌다.

"제가 하는 일은 경영하는 호텔의 가치를 높이는 것입니다."

부임 당시 그의 호텔은 객단가가 1만 엔 이하였다. 고객층은 가족이 중심으로, 이익도 적었다고 한다. 그러나 얼마 후 그는 어떤 깨달음을 얻었다. 그 호텔은 맑고 조용한 강가에 자리하고 있으며, 강에는 은어나 곤들매기도 살고 있다. 초여름에는 반딧불이가 춤을 추고, 겨울에는 스키도 탈 수 있다. 이 천혜의 자연을 이용하자. 여기에 객실을 개조하고 식사의 고급화를 꾀하면 객단가를 두 배로 높일 수 있지 않을까? 이런 깨달음이었다.

그 뒤로 그는 매사를 '어떻게 호텔의 가치를 높일까?'라는 관점에서 생각하게 되었고, 여관을 경영하는 일족으로부터도 "사람이 달라졌다."라고 인정받게 되었다. 적자였던 경영도 점차 흑자로 돌아서 모회사로부터 돈을 빌릴 필요가 없어졌다고 한숨 돌린 표정으로 내게 이야기해 줬다.

이렇게까지 크게 변할 수 있는 사람은 많지 않겠지만, 자신이 하는 일이 '누구의', '무엇을' 지탱하고 있는지 생각해 보는 것은 굉장히 의미 깊은 일이다.

'세 마디로 전하는' 기술을 이야기하는 이 책의 본래 목적으로부터 조금 탈선한 이야기를 마지막에 했는데, '세 마디로 요약하는 힘'은 응용하면 이렇게까지 사람의 생각이나 행동을 바꿔 놓는다. 부디 여러분도 이 힘을 자신의 것으로 만들어 앞으로의 인생에 활용하길 바란다.

옮긴이 김정환

건국대학교 토목공학과를 졸업하고 일본외국어전문학교 일한통번역과를 수료했다. 21세기가 시작되던 해에 우연히 서점에서 발견한 책 한 권에 흥미를 느끼고 번역의 세계를 발을 들여, 현재 번역 에이전시 엔터스코리아 출판기획 및 일본어 전문 번역가로 활동하고 있다.

경력이 쌓일수록 번역의 오묘함과 어려움을 느끼면서 항상 다음 책에서는 더 나은 번역, 자신에게 부끄럽지 않은 번역을 할 수 있도록 노력 중이다. 공대 출신의 번역가로서 공대의 특징인 논리성을 살리면서 번역에 필요한 문과의 감성을 접목하는 것이 목표다. 번역한 책으로 《60대에 40대로 보이는 사람 80대로 보이는 사람》《업무의 90%는 준비에서 결정된다》 등이 있다.

**하고 싶은 말을
당황하지 않고
세 마디로 말하는 기술**

초판 1쇄 발행 2025년 11월 17일

지은이 노구치 사토시
옮긴이 김정환
펴낸곳 (주)센시오

책임 편집 정아영
디자인 Design IF
경영지원 임효순
펴낸이 정덕식, 김재현

출판등록 2009년 10월 14일 제300-2009-126호
주소 서울특별시 마포구 성암로 189, 1707-2호
전화 02-734-0981
팩스 02-333-0081
메일 sensio@sensiobook.com

ISBN 979-11-6657-210-4 (03190)

이 책은 저작권법에 따라 보호받는 저작물이므로 무단 전재와 복제를 금지하며,
이 책 내용의 전부 또는 일부를 이용하려면 반드시 저작권자와 (주)센시오의 서면동의를 받아야 합니다.

잘못된 책은 구입하신 곳에서 바꾸어드립니다.

소중한 원고를 기다립니다. sensio@sensiobook.com